INVENTAIRE
V. 42874

AF297137

PROJET

POUR LA

DISTRIBUTION DES EAUX

DU RHONE,

Naturellement filtrées et à l'aide de la force motrice
fournie par le courant du fleuve.

Par A. Jouve.

LYON,

IMPRIMERIE DE MOUGIN-RUSAND,

Rue Centrale, 67.

1852.

V

PROJET

POUR LA

DISTRIBUTION DES EAUX DU RHONE,

NATURELLEMENT FILTRÉES ET A L'AIDE DE LA FORCE MOTRICE
FOURNIE PAR LE COURANT DU FLEUVE.

PROJET

POUR LA

DISTRIBUTION DES EAUX

DU RHONE,

Naturellement filtrées et à l'aide de la force motrice
fournie par le courant du fleuve.

Par A. Jouve.

BIBLIOTHÈQUE NATIONALE IMPRIMÉ
R. F.

LYON,

IMPRIMERIE DE MOUGIN-RUSAND,

Rue Centrale, 67.

1852.

PROJET

POUR LA

DISTRIBUTION DES EAUX DU RHONE,

NATURELLEMENT FILTRÉES ET A L'AIDE DE LA FORCE
MOTRICE FOURNIE PAR LE COURANT DU FLEUVE.

A M. le Préfet du Rhône,
à MM. les Maires et Adjoints de la ville de Lyon,
et à MM. les Membres de la Commission municipale.

En publiant ce travail dont la pensée première remonte à une époque déjà éloignée, nous ne prétendons pas nous donner comme ayant trouvé la meilleure solution possible du problème économique qui, depuis si longtemps, s'agite parmi nous. Encore moins entendons-nous prononcer la condamnation des différents systèmes antérieurement présentés dans ce but, ou de l'essai qui se poursuit actuellement par les ordres de l'autorité municipale, et qui, du reste, repose sur une idée fondamentale dont se rapproche beaucoup celle que nous avons adoptée pour base de notre projet de distribution d'eaux potables.

Nous n'avons voulu qu'apporter notre tribut d'efforts et de lumières à cette œuvre d'utilité publique, et relier ensemble des idées qui sont loin de nous appartenir toutes, pour en former un système d'ensemble. Nous proposons : de plus experts compareront, jugeront et choisiront.

3

§ 1er.

EXPOSÉ GÉNÉRAL.

Dans une série de délibérations successives, empreintes d'un remarquable caractère de volonté persévérante, appuyées d'ailleurs sur de nombreuses et puissantes considérations , l'ancien conseil municipal de Lyon s'est prononcé en faveur des eaux du Rhône , naturellement clarifiées, pour doter la ville d'une fourniture publique et privée d'eaux potables.

D'après le projet que M. Clément Reyre , premier adjoint , remplissant les fonctions de maire , présenta à ce conseil, dans la séance du 3 juin 1847, adopté par celui-ci dans celle du 22 juillet de la même année , les bases suivantes ont été adoptées pour la distribution générale dont il s'agit.

4

Les eaux du Rhône clarifiées par leur filtration
au travers du sol, devaient être fournies par deux
systèmes de puisards établis, l'un aux Petits-Brotteaux, sur la rive droite du fleuve, et en amont
du faubourg de Bresse, l'autre sur la même rive
du fleuve, et dans la presqu'île Perrache, dans la
partie sud et à l'aval de la ville de Lyon.

Le premier de ces établissements devait élever à
la hauteur du plateau de Montessuy, et sur des
points intermédiaires entre ce niveau et celui de l'é-
tiage, la quantité d'eau nécessaire à la fourniture
de trois zônes de distribution correspondant à la
partie nord de la ville de Lyon, ainsi qu'à sa partie
centrale, et jusqu'au cours Napoléon.

Le second devait fournir de l'eau à la partie méridionale (presqu'île Perrache), et aux quartiers
supérieurs de l'ouest et de la vieille ville, sur la
rive droite de la Saône.

C'était à la vapeur qu'à cette époque on devait
demander la force motrice nécessaire pour élever
à la hauteur voulue les 16,000 kilolitres que le
conseil et l'administration avaient cru nécessaires
pour la fourniture générale.

Deux machines de la force de cent chevaux
chacune devaient fonctionner concurremment ou

alternativement pour élever la première partie de la fourniture à la hauteur des réservoirs de Montessuy. Deux autres, de la force de cinquante chevaux chaque, devaient remplir un office analogue près du puisard de Perrache.

La révolution survenue depuis cette époque a entraîné dans sa marche le gouvernement sous lequel ces projets avaient été conçus, et le Conseil municipal dont ils étaient l'œuvre. Elle a fait ajourner, sinon abandonner tout-à-fait leur exécution.

C'est en cet état que nous prenons la question, en admettant le point de départ fixé, en apparence au moins, d'une manière irrévocable, par les décisions réitérées du Conseil municipal; c'est-à-dire le choix exclusif des eaux du Rhône, naturellement clarifiées par leur filtration au travers des amas de gravier dont se compose le terrain d'alluvion au travers duquel coule le fleuve.

Nous nous sommes demandé seulement si, au lieu d'employer le moyen dispendieux de la vapeur pour l'extraction et l'élévation de la masse liquide à distribuer sur la voie publique, dans l'intérieur des ménages et établissements industriels, il ne serait pas possible d'utiliser pour cela le moteur naturel fourni par le courant du fleuve, dont la force

équivalente à celle de plusieurs milliers de chevaux-vapeur, s'écoule presque sans emploi au
pied de la plus industrieuse des cités.

Cette énorme puissance a été cependant utilisée déjà, pour une fourniture partielle, au moyen
de la machine Gardon, placée le long du quai
Saint-Clair, en face de la rue Dauphine; essai
tout-à-fait rudimentaire, qui a eu cependant pour
résultat de satisfaire d'une manière partielle aux
besoins les plus pressants de l'un des quartiers les
plus dépourvus de notre ville. En vertu d'un traité
passé entre le constructeur et M. Prunelle, alors
maire de Lyon, en date du 30 octobre 1832,
un bassin fut construit sur l'emplacement de l'an-
cienne naumachie du Jardin-des-Plantes, à environ 40 mètres au-dessus de l'étiage de nos rivières, pour recueillir les eaux élevées par l'appareil mentionné plus haut, et en devenir le point de
distribution. Mais cet essai en est resté là, et n'a
point reçu les développements qui auraient pu
étendre ses bienfaits très-réels, quoique mêlés à
quelques inconvénients.

Plus tard, un traité supplémentaire intervenu
entre la ville, alors représentée par M. Clément
Reyre, premier adjoint, et M. Gardon, a donné à

ce traité une nouvelle extension, en ce sens que la machine à vapeur de Saint-Clair, primitivement destinée à remplacer en cas d'accident la machine hydraulique de la rue Dauphine, dut être consacrée à un service distinct, mais partiel, qui consistait à alimenter douze bornes fontaines dans la partie la plus élevée du quartier de la côte Saint-Sébastien, moyennant un prix d'abonnement de 30 fr. par jour, soit 11,000 fr. par an.

Ce nouveau service n'est point, du reste, alimenté par l'eau prise au courant du Rhône, mais par celle qui est extraite d'un puits creusé sur la berge du quai, et ayant éprouvé une clarification aussi parfaite que peuvent le permettre sa position très-rapprochée des bords du fleuve et le peu d'épaisseur du milieu filtrant.

Cet essai n'a été évidemment qu'une tentative pour se soustraire à l'eau bourbeuse du Rhône, et une première épreuve du système de la clarification naturelle, déjà expérimentée par M. Dumont dans les filtres en grand creusés en amont du faubourg de Bresse.

Quant à l'expérience qui s'accomplit en ce moment sur le quai Saint-Clair, en face de la rue Dauphine, et qui consiste à établir, dans le lit même du fleuve, un puisard où l'eau n'arrivera qu'après avoir subi une clarification, et sera extraite par la machine Gardon, elle repose sur le même principe, et c'est dans le même but que l'administration municipale y a fait procéder.

L'édilité parisienne s'est montrée, à cet égard, moins difficile que la nôtre. A Paris, le cours de la Seine, presque aussi paresseuse que notre Saône, son eau aussi peu limpide, ont été utilisés par l'établissement de l'appareil hydraulique du pont Saint-Michel. Ce mécanisme établi dans le lit de la rivière elle-même, y puise un liquide dont la limpidité n'est rien moins qu'attrayante, et dont les qualités ne sont que fort médiocrement hygiéniques. Malgré ces inconvénients, et quoiqu'il intercepte complètement à la navigation le passage de l'une des arches, il ne laisse pas de fonctionner encore aujourd'hui en présence des procédés les plus perfectionnés empruntés à la découverte de Watt et de Savary, de cette mystérieuse puissance de la vapeur qui envahit tout aujourd'hui.

Il est permis de croire que si, au lieu d'être une rivière, un cours lent, aux eaux troubles et savonneuses, la Seine avait eu la rapidité du Rhône, et, si ses eaux eussent rempli les mêmes condi-

tions hygiéniques, son lit serait aujourd'hui en-
combré d'appareils semblables, versant à flots sur
le pavé de la capitale le liquide salutaire puisé
dans son courant et par la force de ce courant.

§ II.

APPAREILS HYDRAULIQUES FLOTTANTS.

Nous comprenons la délicatesse de l'édilité lyonnaise préférant une eau limpide, d'excellente qualité, de température à peu près constante et élevée
à grands frais, à une eau limoneuse, d'une limpidité et d'une température variables, et qui coûterait
moins à extraire et à distribuer.

Mais s'il existe un moyen de concilier ces deux
conditions : la limpidité et le bon marché, la clarification naturelle de l'eau du fleuve, et l'emploi
de la force motrice que fournit son rapide courant;
si le système adopté, après de longues délibérations, par l'ancien conseil municipal et que le
nouveau épouserait probablement aussi , si ce

système est susceptible de recevoir son application,
autrement que par un dispendieux recours à la
vapeur ; si, moteur et liquide, nous trouvons ces
deux choses réunies à nos pieds, toutes les objections se trouveraient levées ; il n'y aurait plus de
raison pour repousser cette force aujourd'hui sans
emploi : elle aurait droit à une préférence incontestable.

Ce moyen consisterait à trouver un mécanisme
simple, facile à mettre en œuvre, peu susceptible
de dérangements, qui aurait pour objet de transmettre la force motrice créée par le courant du
fleuve à des puisards échelonnés sur la rive même,
et à une distance assez considérable du bord pour
que la clarification pût s'y faire dans les meilleures conditions possibles (1).

La principale difficulté à vaincre pour atteindre
ce résultat est celle d'un mécanisme établi sur un
point déterminé, à une hauteur invariable, comme

------

(1) C'est en ce point que notre projet diffère de celui
dont la municipalité lyonnaise poursuit en ce moment l'essai. Par ce dernier, les puisards sont établis dans le lit
même du fleuve. Par le nôtre, ils seraient établis en terre
ferme.

les pompes installées dans l'intérieur d'un puisard, et dépendant d'un moteur dont le niveau varie incessamment comme celui d'un fleuve.

Si l'appareil hydraulique est établi dans le fleuve d'une manière fixe et invariable, il sera tantôt inondé, tantôt abandonné par la force qui s'élève ou qui baisse avec le niveau d'eau. Dans l'un comme dans l'autre cas, le mécanisme est paralysé, quand il n'est pas endommagé et détruit.

Si l'appareil est flottant, il monte et descend avec le fleuve, et alors il rencontre les mêmes difficultés à se raccorder lui-même avec le mécanisme des pompes.

Il s'agit donc ici de trouver une combinaison telle que le flotteur hydraulique, tout en obéissant aux mouvements alternatifs de hausse et de baisse du fleuve, puisse opérer régulièrement et sans trouble sur un point fixe.

Pour atteindre ce but, voici le système que nous proposons :

Etablir sur les points les plus convenables pour cette destination, c'est-à-dire sur ceux où le courant est le plus rapide et se rapproche le plus du rivage, des appareils flottants, pourvus de roues et semblables à celui de la plupart des moulins échelonnés sur le cours du Rhône dans la traversée de Lyon, ou de l'usine Gardon, en face de la rue Dauphine ; transmettre la force motrice jusqu'au puisard, au moyen de tiges métalliques ou de câbles auquels un mouvement de va-et-vient serait imprimé par une manivelle, et qui se relieraient au piston des corps de pompe destinés à élever l'eau.

Parmi les différentes dispositions qui se présentent à l'esprit pour obtenir ce résultat, la construction suivante nous a paru une des plus simples, des plus efficaces et des plus exemptes d'inconvénients.

Nous nous sommes efforcé, dans la figure première, de représenter le plan horizontal de cet appareil, sans entrer dans des détails trop minutieux et plus propres à obcurcir l'idée principale qu'à l'éclairer.

A A A A, usine flottante, divisée en deux corps parallèles, et entre lesquels se trouve placée la roue à palettes R R R R.

C C, O O, charpente qui repose elle-même sur une double rangée de pilotis.

X X', solives faisant fonction de chaîne d'amarre, et pivotant sur leurs points d'attache aux deux extrémités X et X'.

A A, arbre de la roue principale.

D" D, roue à engrenage ayant un axe commun avec la précédente.

D D', autre roue s'engrenant avec la première, et pourvue d'une manivelle, M.

P, le puisard qui est censé établi sur la berge du cours d'eau.

P P', corps de pompe placés dans ce puisard.

La ligne R R, à ganche, représente l'alignement du rivage, et forme la séparation du sol et des eaux.

M O N N', câble au moyen duquel se produit le mouvement de va-et-vient.

Partant de la manivelle, ce câble passe en O entre deux poulies à gorge, accouplées ensemble (voir fig. 2); en O', il s'adapte à une autre poulie ; il s'infléchit en N au moyen d'une troisième poulie dans la gorge de laquelle il s'engage, et va se rattacher en P et P' au corps de pompe.

La figure 2e représente une coupe verticale de H en H', et dont l'objet est de faire comprendre plus nettement le jeu des engrenages du câble et des poulies.

P P P Les pilotis supportant la charpente horizontale supérieure.

R R R roue principale.

D D D et D" D" roues à engrenage.

F Z poulies accouplées entre lesquelles passe le câble.

S S niveau de l'eau.

Supposons maintenant la roue principale R , R , mise en mouvement par le courant de l'eau ; l'im-

pulsion se transmet par elle à la roue dentée D' D
et aux manivelles M. Chacune se dirige en sens in-
verse de l'autre, et fait parcourir au point d'attache une distance égale au diamètre de la circonfé-
rence décrite. Ce mouvement se communique aux
deux câbles A M, O N, N' et produit un double
mouvement de va-et-vient qui peut être utilisé par
les procédés ordinaires pour mettre en activité les
pistons des corps de pompe placés dans le puisard.

Admettons que le niveau de l'eau vienne à changer, l'appareil flottant retenu par des solives X, X'
qui ne peuvent ni se raccourcir ni s'allonger, jouant
librement par les charnières qui les terminent, dé-
crira un arc de cercle T, X dont le rayon sera constamment le même. La distance O' O M devant rester
toujours égale, la course des pistons demeurera telle
aussi, et les crues n'entraîneront de variation dans
le jeu de l'appareil que par la plus grande vitesse
imprimée au courant.

O C, charpente supérieure, est censé, dans cette
construction, correspondre aux plus hautes eaux.
Par conséquent le câble de communication O, O, N,
cette hypothèse venant à se réaliser, n'atteindrait
jamais qu'à l'horizontalité, et ne quitterait pas la

ligne qui est tracée par les poulies à gorge qui le retiennent.

Toutefois, pour parer d'une manière plus certaine à un tel inconvénient, rien n'empêcherait de fixer le câble en O' au moyen de l'appareil composé de poulies accouplées dont on voit le profil T, O, Z, figure 2e, que l'on reproduirait au point où ce câble passe sur la poulie O', de manière à contrebalancer la double impulsion qui tendrait à le soulever comme celle qui tendrait à le faire baisser.

L'appareil qui précède peut, au surplus, être modifié, de manière à se rapprocher bien davantage du mode d'attache aujourd'hui employé pour retenir les usines flottantes échelonnées le long de nos rivières, et qui est, à vrai dire, assez défectueux.

On peut encore le simplifier en adaptant la manivelle, à l'aide de laquelle le mouvement de rotation se transforme en mouvement successif, sur l'axe principal A A, et, par conséquent, en supprimant les deux roues dentées, au moyen desquelles s'engendre le va-et-vient alternatif.

§ III.

Dans l'exposé qui précède, nous avons supposé que l'appareil hydraulique devait s'appliquer
à un puisard P, fig. I, construit dans la berge même
du quai, comme celui de la barrière St-Clair,
ou sur un point médiocrement éloigné de la rive du
fleuve et ne faisant point partie de la voie publique.

Dans beaucoup de cas peut-être cette disposition
pourrait être considérée comme suffisante. Des
exemples nombreux qui sont tous les jours sous
les yeux du public autorisent, en effet, à penser
qu'une épaisseur horizontale de dix à quinze mètres suffit pour opérer la clarification de l'eau
trouble du fleuve.

Mais, et nous insistons particulièrement sur ce
point qui nous paraît fondamental, le mécanisme
proposé pourrait également s'appliquer à des puisards placés à de grandes distances, et suivre une

ligne brisée sans qu'une portion notable de la force motrice fût perdue par le frottement.

Ce sont deux points qui nous restent à établir.

Et, d'abord, la force motrice pourrait être transmise en ligne droite, et à une distance pour ainsi dire indéterminée.

Il est clair, en effet, que les deux tiges N P, N P', fig. 1re, dont le mouvement alternatif est utilisé pour le jeu des pompes, peuvent se mouvoir en droite ligne sur un trajet plus ou moins considérable, que leur effet peut s'étendre sans inconvénient de 15 mètres à 100, à 150 ou à 200.

Seulement, pour prévenir l'effet de la gravité dont le résultat serait de courber des tiges ou cables d'une grande étendue, on pourrait disposer de loin en loin des roues à gorge, dans un plan vertical, et sur lesquelles passeraient ces tiges ; ou même, dans les cas peu compliqués, des anneaux métalliques dont l'adoption produirait un assujettissement plus complet et plus infaillible dans ses résultats.

On objectera sans doute que, pour transmettre le mouvement à une portée aussi considérable, en traversant des voies publiques fréquentées, ou même de simples chemins de halage, il faudrait intercepter ces voies de communication, ou les faire traverser, à une certaine hauteur, par l'appareil de transmission ; que cette disposition serait d'un mauvais effet de perspective, pourrait devenir un embarras pour la circulation, et exposerait ce mécanisme à tous les genres d'entreprise et de détérioration ; qu'un tel système, en le supposant applicable, ne le serait qu'aux seules berges du fleuve, entre la rive proprement dite et le couronnement de la chaussée ; que, dès lors, son utilité serait fort limitée et fort contestable.

Nous convenons que, si cette objection était fondée, elle compromettrait singulièrement le système, ou réduirait sa valeur à peu de chose.

Par bonheur, il est facile d'échapper à l'inconvénient d'intercepter ou d'embarrasser la voie publique par aucun appareil extérieur, tout en opérant la transmission dont il s'agit.

Il suffit pour cela de disposer l'appareil de telle sorte que le jeu des tiges puisse s'opérer souterrainement par des espèces de galeries semblables aux canaux que l'on établit pour divers usages.

Comme, après tout, il ne s'agit que d'un simple mouvement de va-et-vient imprimé à des tiges qui, même en leur supposant une force considérable, pourraient n'avoir qu'un diamètre borné, 1 ou 2 centimètres par exemple, et seraient peu susceptibles de dérangement ou de détérioration, on pourrait n'employer pour cet usage que des canaux d'une section très-peu considérable.

L'emploi de canaux souterrains de grande dimension, ayant, comme nos égoûts ordinaires, 2 mètres sous clef, et 1 mètre 50 de largeur, permettrait, à la vérité, de visiter et de réparer plus facilement et avec moins de frais les appareils dont il s'agit. Mais il aurait l'inconvénient réel, surtout dans les grandes crues, d'amener jusqu'auprès du puisard, l'eau limoneuse du fleuve, de manière à troubler la limpidité du liquide fourni par celui-ci, ce que l'on doit tenir essentiellement à éviter.

L'autre moyen serait plus économique, et il serait suffisant vis-à-vis d'appareils qui, grâce à leur extrême simplicité, seraient peu susceptibles de dérangement, et auraient rarement besoin d'être réparés.

Jusqu'ici, nous avons supposé que l'impulsion devrait toujours être transmise en ligne droite et horizontalement, à partir de l'appareil hydraulique flottant.

Cette supposition, en effet, embrasse le plus grand nombre des éventualités que pourrait présenter une distribution d'eau exécutée dans notre localité sur une telle base.

Il nous reste à établir, comme nous en avons pris l'engagement, que dans l'hypothèse même où la ligne à suivre, depuis le moteur jusqu'au puisard serait une ligne brisée, horizontale ou inclinée à l'horizon, sous des angles divers, on pourrait sans grande complication, et sans diminution trop sensible d'effet, transmettre l'effort du point de départ à celui sur lequel il agit.

Pour cela, nous placerons, à chacun des saillants formés par la brisure de la ligne principale, une roue ou poulie dans la gorge de laquelle passera un bout de chaîne en fer, aux deux extrémités de laquelle s'ajusteront les tiges de transmission, et qui transformera en frottements successifs le frottement continu exercé à chacun des angles.

Les figures III et IV représentent les dispositions principales qui nous ont paru propres à conduire à ce résultat.

Dans la figure III est retracé le plan horizontal du canal souterrain O O, et l'appareil de tiges, de chaînes et de poulies qui doit s'y mouvoir.

R , R', R", sont les poulies placées à chaque an—
gle où les tiges T, T, T, sont d'autres poulies à
gorge qui supportent les tiges, et empêchent que ,
pesant sur les poulies placées aux angles, et fléchis-
sant sous leur propre poids , elles n'occasionnent
des frottements destructeurs ou ne sortent de la
ligne sur laquelle doit s'opérer leur mouvement
d'aller et de retour.

Partant du point placé à droite de la figure , se
pliant suivant les angles de la ligne brisée R, F,
F', O, P, cette succession de tiges communique
avec avec le puisard P, auquel elle transmet l'impulsion qui est censée partir du moteur hydraulique flottant.

Pour rendre cette combinaison plus facile à saisir par la simple réflexion, nous la comparerons à
un jeu ordinaire de sonnettes , au moyen duquel
l'impulsion imprimée par la main se communique
à cet instrument par des détours souvent très–multipliés. Il suffit de remplacer par la pensée les ar-
ticulations employées dans ces sortes d'appareils ,
et qui entraînent une déperdition de force assez considérable, par les poulies au moyen desquelles nous
opérons la transmission du mouvement , et dont
l'emploi a pour résultat de rendre la force perpen-

23

diculaire au bras du levier, et de la placer dans la position la plus favorable à son *maximum* d'effet.

La figure IV' représente une coupe en F F'. Elle a pour objet de faire comprendre comment deux tiges et deux mouvements parallèles peuvent trouver place dans l'intérieur d'un conduit souterrain, à petite section, sans que le jeu de l'un nuise à celui de l'autre, et de telle sorte que l'une allant dans un sens, l'autre dans un autre, on obtienne un double mouvement correspondant au piston d'nne pompe à double corps.

Dans cette figure les poulies d'angle sont vues de face. Elles sont superposées et indépendantes l'une de l'autre, tout en pivotant sur un axe commun; les poulies de support T T T' T', dont on voit le plan horizontal dans la figure III, sont vues ici de profil.

La même combinaison pourrait s'appliquer à des angles s'écartant du plan horizontal, il suffirait pour cela de disposer obliquement et verticalement, suivant les cas, les poulies de support placées aux angles et de faire à un plan vertical l'application du système proposé pour un plan horizontal.

§ IV.

Dans les deux paragraphes précédents nous croyons avoir suffisamment établi les trois points suivants :

1° La possibilité d'appliquer la force motrice produite par le courant à des puisards placés en terre ferme le long du fleuve, et fournissant de l'eau naturellement clarifiée ;

2° Celle de transmettre cette impulsion à une distance indéterminée, au moyen de galeries souterraines, sans recourir à aucune construction extérieure, et en évitant toute obstruction de la perspective et de la voie publique :

3ᵉ Celle d'opérer la transmission dont il s'agit non seulement en ligne droite horizontale, mais sous des angles divers.

Pour rendre notre pensée plus palpable nous prendrons pour exemples différents points choisis dans la topographie lyonnaise.

Supposant l'usine de la rue Dauphine appro-
priée à notre système, nous dirons que l'impulsion fournie par ce moteur hydraulique pourrait
être appliqué indifféremment à des puisards creusés, soit sur la place appelée port Saint-Clair, soit
dans les jardins du Grand-Séminaire, soit sur la
place des Pénitents-de-la-Croix, à l'entrée de la
barrière Saint-Clair, à des hauteurs diverses et
à des distances du fleuve qui varient de 20 à
60 mètres.

Nous allons plus loin, et nous disons que par ce
procédé on pourrait, si le besoin s'en faisait sentir,
communiquer la force motrice du Rhône à un
puits ou à un réservoir placé sur le plateau de la
Croix-Rousse lui-même; et si, dans l'hypothèse
d'une distribution générale, il n'y a pas lieu à s'oc-
cuper d'une telle application, c'est qu'il sera toujours plus simple et moins coûteux, de porter à
cette hauteur l'eau extraite d'un puisard placé au
pied même de la colline.

Nous ne croyons donc pas nous hasarder trop,
en affirmant que, par l'application de ce système,
en transmettant par ces procédés la force immense
que crée le cours du Rhône, à une série de puits
échelonnés sur ses bords, ou à une faible distance

de ceux-ci, creusés dans les endroits les plus convenables pour cette destination, on arriverait, avec la moindre dépense possible, à réaliser une distribution d'eaux originairement fournies par le fleuve, clarifiées par leur infiltration au travers du sol qui forme son lit.

Ce mode de distribution aurait, à notre avis, tous les avantages du système qui repose sur l'emploi de la vapeur sans en avoir les inconvénients, et avec une notable économie de frais de premier établissement, et surtout de frais annuels.

C'est ce que nous nous proposons de démontrer dans la suite de ce travail. Mais, avant d'entrer dans ces développements complémentaires, nous devons dire quelques mots du système dont l'administration municipale poursuit en ce moment l'épreuve sur le quai St-Clair.

Cet essai s'opère au moyen d'un puisard construit en plein courant, à environ 15 mètres du mur de quai, et auquel on se propose d'adapter le mécanisme de l'usine flottante de la rue Dauphine, originairement construite par MM. Gardon et Dubois, laquelle, si nous ne nous trompons, est aujourd'hui devenue la propriété de la ville.

Le puisard a été construit au moyen d'une en-

ceinte en pilotis et d'un encaissement intérieur ,
formant un double périmètre entre les parois duquel on a coulé du béton hydraulique , de manière à les rendre imperméables, à en fermer l'accès aux eaux troubles du fleuve qui ne peuvent y
pénétrer que par le fond , et après avoir subi une
clarification préalable. Quant au mécanisme, il n'est
point encore placé, et nous ne connaissons pas les
dispositions qu'adopteront pour cela MM. les ingénieurs de la ville.

Nous ne doutons nullement, au surplus, qu'au
moyen d'un tel appareil et d'appareils semblables
établis sur les bords du fleuve, on ne puisse parvenir à créer une distribution fort préférable à
celle qu'on pourrait établir au moyen de l'eau puisée dans le courant lui-même.

Cependant nous avons deux observations principales à présenter sur ce système :

La première est relative à la limpidité de l'eau :
nous ne croyons pas que la clarification puisse ,
dans cette hypothèse, être aussi parfaite que possible , et qu'il est permis de le désirer.

Ce résultat on l'obtiendrait, à la rigueur, si la
muraille imperméable du puits descendait à une
grande profondeur, six à sept mètres par exemple,

au-dessous de la couche de gravier qui forme le fond du lit ; mais si, comme nous le croyons, le bêton a été coulé sur la première couche du gravier ; si, avant de pénétrer à l'intérieur, l'eau chargée de limon n'a pas à franchir une épaisseur de plus de deux ou trois mètres de terrain, on n'aura jamais par là une eau suffisamment limpide. Ce qui semblerait le prouver, c'est que le puits creusé dans la berge du quai, à la hauteur de la barrière St-Clair, quoique placé à une distance moyenne de sept ou huit mètres du fleuve, ne donne pas une eau qui remplisse ces conditions.

La seconde observation, la plus grave peut-être, repose sur la perturbation que de telles constructions occasionneraient dans le lit du fleuve. Un massif solide de trois à quatre mètres d'épaisseur, établi au milieu d'un courant quelconque, doit nécessairement déterminer des attérissements en aval, et ces attérissements, croissant à chaque crue, à la longue, doivent presque inévitablement détourner de nos quais le cours du fleuve et rejeter le thalweg plus au large.

Nous n'osons rien affirmer à cet égard, mais il ne serait pas impossible que, par suite de cet effet, l'appareil flottant de la rue Dauphine ne se trouvât bientôt mis à sec, ou que la profondeur et la direction du bras où il est placé ne fussent modifiées à un point tel que son déplacement devînt une nécessité. Il est en outre à présumer que des résultats analogues se produiraient successivement, et dans un délai assez rapproché, sur tous les points où on transporterait l'usine. Cette hypothèse venant à se réaliser, il serait nécessaire d'établir de nouveaux puisards au fur et à mesure, ou de construire en rivière des endiguements dispendieux pour maintenir le courant dans sa direction actuelle.

Nous ne disons pas que rien de tout cela constitue des impossibilités : nous ne disons pas que ce soient là des vices radicaux qui doivent faire rejeter le système d'une manière absolue. Mais nous croyons que ce sont là des objections sérieuses, et que le projet dont nous avons exposé un aperçu ne présente pas les mêmes inconvénients.

§ V.

Nous avons dit que le système proposé pour l'é-
lévation des eaux, naturellement clarifiées, du
Rhône, aurait tous les avantages de la vapeur, sans
en avoir les inconvénients.

Les avantages de la vapeur sont la fixeté des appareils et la facilité de les proportionner à l'effort
qu'on désire obtenir.

Or, ces résultats, on peut les obtenir facilement
d'appareils de la nature de ceux que nous avons
proposés, construits avec intelligence et placés sur
des points convenablement choisis.

Quoique assujettie aux variations du fleuve la
force motrice du courant peut être renfermée dans
des limites telles qu'on puisse la considérer comme
toujours égale à elle-même. Rien n'empêche, par
exemple, de prendre pour base de tous les calculs
le *minimum* de l'effort produit par elle, c'est-à-dire

l'étiage. Ce point de départ une fois admis , l'effort supplémentaire produit par l'élévation des eaux et l'augmentation de rapidité du fleuve peut être envisagé comme une superfétation qu'on peut utiliser , mais qui n'a rien d'indispensable , et qui , en la supposant nuisible , peut être facilement amortie par les procédés connus.

Quant à la cause productrice de la force, elle est en elle-même fixe et constante, sinon absolument invariable. Quelles que soient les vicissitudes atmosphériques, quels que soient les changements auxquels son lit puisse être exposé, le Rhône ne subira pas de révolution essentielle; il débitera toujours la même masse d'eaux, son courant aura toujours la même rapidité. Il coulera toujours aux pieds de nos quais, mettant à notre disposition une force d'impulsion considérable, dont on pourra prendre tout ce qu'on voudra, et qui, même en faisant aux besoins de la navigation une large part, dépassera de beaucoup tous les besoins de la nature de ceux qui nous occupent. Au lieu de donner du développement à des chaudières et aux autres parties d'une machine à vapeur, on donnera plus de développement à l'usine flottante; au lieu de consommer plus de charbon, on prendra plus d'eau en largeur et en profondeur; voilà tout.

Quant aux perturbations possibles du lit du fleuve , elles ne sont pas sérieusement à redouter ici. Les deux rangées de pilotis qui , dans notre système, doivent servir de point d'amarre pour l'appareil et de point d'appui à l'effort produit , ne présenteront pas assez de surface pour déterminer les attérissements dont on pourrait craindre la formation, si l'on construisait, au milieu du courant, des massifs de plusieurs mètres d'épaisseur, comme celui que présente le puisard de la rue Dauphine.

De telles perturbations peuvent et même doivent se produire dans la succession d'un certain nombre d'années. Si l'on n'y prend garde , le talweg pourra abandonner telle ou telle rive , et se rejeter sur la rive opposée. Un effet de cette nature tend à se réaliser sur le quai St-Clair, à la hauteur duquel un long banc de sable, dont la formation a été déterminée en partie par la pile droite du pont St-Clair, se développe progressivement , et tend à envahir le chenal sur lequel est établi l'appareil flottant de la rue Dauphine.

Mais ces déviations qu'il serait facile de prévenir, en s'y prenant en temps utile , au moyen de quelques travaux peu coûteux faits en rivière, ne s'accomplissent qu'avec lenteur, et de telle sorte qu'on peut toujours les prévoir d'avance et se mettre en mesure contre leurs inconvénients.

Dans la supposition même où, par suite de telles perturbations accomplies, on serait forcé de déplacer un appareil, ce changement n'en entraînerait pas un dans la position des puisards en activité et dans les services qu'ils alimenteraient; puisque, d'après le mécanisme de notre projet, il serait, en tout état de cause, facile de rattacher le moteur à un puisard placé à une distance plus considérable, même quand, par suite de cette nouvelle position, la ligne à suivre pour les mettre en rapport présenterait des différences de niveau et serait brisée par des angles multipliés.

D'ailleurs l'expérience est là, plus forte que tous les raisonnements pour démontrer que l'on peut considérer comme à peu près constant, quant à sa position et à sa force d'impulsion, un moteur placé dans des conditions analogues à celles que nous avons admises. Depuis 1832, c'est-à-dire depuis bientôt 20 ans, l'appareil hydraulique de la rue Dauphine fonctionne avec succès, et il ne serait pas menacé dans son assiette actuelle; il pourrait faire encore avec le fleuve un bail d'un demi-siècle sans la construction du pont Saint-Clair, et sans la perturbation produite dans la distribution des eaux par le massif énorme jeté au plus fort du courant pour l'établissement de la pile la plus rapprochée de la rive droite.

Un autre exemple, non moins concluant, est celui des moulins flottants échelonnés sur le cours d'Herbouville jusqu'au faubourg de Bresse, et qui, depuis un nombre d'années assez considérable, n'ont pas subi de variation sensible.

Dans tous les cas, quelques draguages, quelques travaux de digues submersibles, exécutés dans le milieu du fleuve, suffiraient probablement pour parer à de tels inconvénients, et pour forcer un bras important du fleuve à suivre, d'une manière à peu près invariable, les quais de la rive droite, pendant qu'un autre bras serait, par les mêmes moyens, enchaîné à la rive gauche.

Peut-être est-ce ici le cas de dire deux mots du système qui a été mis en œuvre, à Toulouse, pour obtenir un résultat parfaitement analogue à celui dont l'édilité lyonnaise poursuit en ce moment la réalisation, et auquel se rattache le projet dont nous avons exposé les bases principales.

A Toulouse, la force motrice a été obtenue par un canal dérivé de la Garonne, et qui fournit une chute de 2 mèt. 20 d'élévation. M. Dumont, ingénieur distingué , attaché à la vallée du Rhône, avait dans le temps élaboré un projet analogue , aux fins de réaliser la distribution générale d'eaux potables aux environs de Lyon.

Dans ce but il établissait son usine dans la plaine des Petits-Brotteaux, en amont du faubourg de Bresse, et créait la force motrice au moyen d'une prise d'eau ouverte près des moulins de Néron, et débouchant près de la chapelle St-Clair.

Plus tard cet ingénieur dut renoncer à ce projet.

L'appareil établi sur cette donnée aurait eu en effet l'inconvénient d'être fixé à un niveau invariable, pendant que le courant producteur de la force motrice aurait suivi toutes les phases de croissance et de décroissance du fleuve dont il n'aurait été qu'une dérivation.

De cette fixité de l'appareil hydraulique opposée aux fréquentes variations du moteur, il serait résulté que, dans les très hautes crues, les appareils eussent été noyés, ou du moins plongés dans l'eau à une profondeur telle, qu'il leur aurait été impossible de fonctionner ; qu'à l'étiage au contraire ces mêmes appareils auraient pu se trouver presque à sec.

Si, à Toulouse, on a pu recourir avec succès à un tel moyen, c'est que, par suite de la disposition des lieux, on a pu opérer sur une chute totale de 5 mèt. 45 centimèt., et que sur cette hauteur on a pu en soustraire une partie à l'effet des variations du fleuve. Il est fort douteux que le développement du canal pratiqué dans la plaine des Petits-Brotteau eût produit une telle différence de niveau, et eût permis d'obtenir un tel résultat.

L'emploi des appareils à vapeur n'a pas seulement l'avantage de la fixité et de la constance, il offre aussi celui de pouvoir choisir d'une manière absolue le lieu sur lequel on veut établir l'usine et les puisards qui s'y rattachent ; de se placer dans une indépendance complète de telle ou telle localité particulière ; de manière à pouvoir obtenir l'eau clarifiée dans les meilleures conditions possibles.

Il entraîne aussi un inconvénient, la nécessité de s'éloigner du centre même de la population pour laquelle le voisinage immédiat de puissants appareils à vapeur serait une cause d'incommodité.

Or, nous croyons que le système proposé par nous offre assez de marge pour que l'on puisse obtenir l'eau dans des conditions aussi satisfaisantes que par aucun des projets mis en avant, et même par celui qui a été antérieurement adopté par le conseil municipal, et qui a pour base l'emploi exclusif de la vapeur.

Ce dernier reposait tout entier sur l'établissement de deux filtres principaux situés, l'un aux Petits-Brotteaux , en amont dn faubourg de Bresse, rive droite du Rhône, l'autre à Perrache, en aval de la ville de Lyon, et sur la même rive du fleuve.

Nous nous emparons de cette dernière indication comme de l'aveu d'une vérité, selon nous, incontestable et devant laquelle tombe un des arguments qu'on pourrait nous opposer.

Cette vérité est que, si l'eau fournie par un puisard situé à l'extrémité méridionale, et en aval de notre ville, peut être cousidérée comme remplissant toutes les conditions chimiques et hygiéniques commandées par une distribution de ce genre, bien que prise à un point où le fleuve est chargé de toutes les immondices balayées dans un trajet de quatre kilomètres, le long de nos quais où aboutissent une quantité considérable d'égoûts et de ruisseaux charriant des liquides infects ; à plus forte raison des puisards disposés sur les points intermédiaires, du faubourg de Bresse jusqu'à la

presqu'île Perrache, doivent-ils remplir ces conditions.

Cette induction se trouve d'ailleurs confirmée
par l'épreuve d'un certain nombre de puits ou puisards établis sur cette ligne, par les pompes de
la place Grôlier, du port Saint-Clair, de la place
des Pénitents-de-la-Croix et même du puits creusé
à l'intérieur de l'hôpital, et qui fournissent une
eau excellente, ainsi que par celle de plusieurs puits
particuliers situés à l'intérieur de la ville.

C'est du reste ce que le raisonnement et la réflexion indiquent à tous ceux qui veulent se donner la peine de réflechir sur les lois d'après lesquelles s'opère l'infiltration des eaux d'un fleuve
dans les terrains adjacents.

On comprend facilement que si les immondices
charriés par un fleuve, au cours torrentieux comme
le Rhône, peuvent influer sur la qualité de l'eau
qu'il fournit aux puits creusés sur ses bords, cet
effet ne peut se produire qu'à une assez grande distance en aval, et non sur le point même du dégor.
geoir.

La rapidité du cours de ce fleuve ne peut, en
effet, permettre que l'infiltration produite par la
pression du liquide sur un sol perméable, s'opère

immédiatement : les divers affluents d'eaux sales qui viennent altérer la pureté du fleuve dans son passage au travers de la grande ville, sont tout d'abord absorbés dans la masse, et entraînés au loin, ainsi que les matières étrangères qu'ils tiennent en suspension. Si une partie de celles-ci arrivent jusqu'au fond du lit, elles n'y touchent que déjà nettoyées par l'immersion, et pour céder bien vite à l'action du courant qui entraîne et déplace même des graviers et des corps pesants, et qui doit, à plus forte raison, chasser au loin les matières végétales et animales qui lui font obstacle. La très-petite partie de ces liquides sales qui est absorbée par le lit du fleuve, sur un point peu éloigné du dégorgeoir, se purifie bientôt par la filtration; et, dans tous les cas, elle est en quantité trop peu considérable pour altérer les eaux qui seraient tirées de puisards échelonnés sur les bords du fleuve, à une distance de 20 ou 30 mètres du bord.

Ces considérations prouvent qu'un service d'eaux du Rhône, clarifiées par la filtration naturelle, peut fort bien être établi, au moyen d'un certain nombre de puisards échelonnés le long du fleuve, dans la traversée de Lyon, du faubourg de

Bresse à l'extrémité de la presqu'île Perrache.

Toutefois, comme nous le démontrerons plus tard, cette disposition la plus naturelle et la plus commode pour l'application du dernier proposé n'est point indispensable, et ce système pourrait aussi bien que tout autre s'adapter à une série de puisards qui seraient essentiellement établis à l'amont ou à l'aval de Lyon.

Sous le rapport de la facilité de l'installation, l'avantage de ce système serait, du reste, incontestable; il est du moins certain que son application pourrait avoir lieu sans grand obstacle et sans entraîner des conséquences un peu fâcheuses.

Le projet admis par le conseil municipal suppose deux galeries fournissant la totalité de l'eau présumée nécessaire à la consommation domestique et industrielle de la ville de Lyon. L'une d'entre elles est située à 3,000 mètres en amont de notre ville, l'autre à son extrémité, toutes deux à une distance considérable du centre de la population et des affaires.

Il est évident, en effet, que des machines à vapeur de la force de cent et de cinquante chevaux, ne peuvent être installées sans inconvénient au cœur d'une grande ville.

Pour s'en convaincre , il suffit de remarquer le mauvais effet produit par la machine à vapeur de petite dimension placée sur la place St - Clair , à l'entrée du cours d'Herbouville.

Au contraire, des appareils flottants de la nature de celui de la rue Dauphine, et auxquels il serait facile de donner un aspect plus élégant, peuvent être multipliés sans nuire à la perspective , sans encombrer la voie publique, sans absorber un sol précieux , au cœur même de l'agglomération lyonnaise, dans la circonscription communale de Lyon, de la Guillotière et de la Croix-Rousse, sous les yeux , dans la dépendance de leurs administrations respectives, et à la portée de tous les besoins à satisfaire.

§ VI.

QUESTION ÉCONOMIQUE.

A côté des avantages incontestables que présente l'emploi des machines à vapeur, pour la création d'un service d'eaux potables appliqué à l'agglomération lyonnaise, il offre un inconvénient bien réel, celui d'une forte dépense de premier établissement et de charges annuelles considérables, et qui doivent nécessairement aller toujours croissant. C'est ici surtout que l'avantage du moteur hydraulique, un peu inférieur sous d'autres rapports, est grand et incontestable.

Ici, point de difficultés ni de dépenses relativement à l'expropriation des terrains nécessaires ; point de procès à craindre de la part de voisins lésés ou faisant semblant de l'être. L'administration se trouve sur son propre terrain, et elle n'a

que l'embarras du choix entre les divers emplacements que présente le cours d'un fleuve dont la largeur est de deux cents mètres, et qui cotoie nos
quais sur une longueur de six mille mètres, entre
les diverses localités propres à l'établissement de
puits d'extraction.

Dans le système d'un ou deux puisards, conséquence nécessaire de l'emploi de la vapeur, une
conduite-mère d'une dimension suffisante pour
porter à la fois la totalité ou la presque totalité des
eaux à distribuer sur le terrain où leur répartition
doit commencer, est indispensable. Cette dépense
peut être évitée en adoptant celui que nous proposons. Or, cette dépense, pour des tuyaux de 40 à
50 cent., tels que ceux qu'admet le projet municipal, n'est guères moindre de 250 à 300 fr. le mètre
courant.

Cette somme est ici supprimée, et le coût des
conduites se borne, pour chaque zone de distribution, aux tuyaux de dimension secondaire qui devront lui être spécialement affectés, dépense qui est
du reste la même dans tous les systèmes, et qui ne
peut être diminuée que par des restrictions appor-
tées à la distribution elle-même.

Le système de distribution à la vapeur supposait,

d'après le projet adopté par le Conseil municipal de Lyon, l'acquisition aux Petits-Brotteaux d'un terrain considérable évalué à 150,000 fr., dépense qui est ici complètement supprimée, appareils hydrauliques et puisards devant être en totalité, ou en presque totalité, établis sur un sol dépendant de la voie publique, ou dont l'administration peut disposer à un titre ou à un autre.

Les frais d'acquisition et de premier établissement des appareils à vapeur, situés à Perrache et aux Petits-Brotteaux sont évaluées dans le même document à 372,000 fr. que l'on peut hardiment porter à 400,000 fr.

Cette somme ne sera pas atteinte, tant s'en faut, par la dépense totale des établissements hydrauliques flottants, au moyen desquels nous nous proposons de réaliser la fourniture des eaux.

Enfin, le système adopté par le conseil municipal fonctionnant au moyen d'une force intermittente, entraînerait la construction de dispendieux bassins en maçonnerie destinés à tenir en réserve l'excédant du liquide élevé par le travail des pompes, et non immédiatement consommé.

Nous démontrerons plus tard que, dans le système dont nous proposons l'adoption, ces réser-

voirs d'une grande capacité peuvent être sans inconvénient remplacés par de simples réservoirs
de pression d'une faible contenance, et d'une construction beaucoup moins dispendieuse que les
précédents; qu'à la rigueur même, l'emploi du
moteur hydraulique permet de s'en passer com-
plétement.

Mais l'économie capitale est celle qui résulterait
de la substitution d'un moteur gratuit, tirant son
principe de lui-même, à un moteur artificiel en-
gendré à prix d'argent, la vapeur.

Les rapports présentés au conseil municipal de
Lyon évaluent la dépense pour les différents appareils à vapeur, en combustible seulement, à la
somme annuelle de cent mille francs, abstraction
faite des dépenses d'entretien et de personnel que
nous supposons devoir être les mêmes dans les
deux systèmes.

A raison du prix croissant du combustible, il
est à présumer, d'ailleurs, que, dans l'avenir, ce
chiffre devra tendre plutôt à croître qu'à dimi-
nuer.

Mais en prenant pour base le total qui précède,
et en supposant qu'il soit le résultat d'un calcul
parfaitement juste des forces et du combusti-

ble à dépenser, on arrivera, en capitalisant cette somme, à une économie de deux millions qu'on réalise, sans coup férir, dans l'hypothèse d'une distribution d'eau opérée par le courant du Rhône.

Si, du reste, l'administration, dans un but d'utilité publique ou d'agrément, voulait donner plus tard une plus grande extension à la distribution, chaque accroissement dans la quantité d'eau obtenue correspondrait à une nouvelle émission de capital et à une nouvelle charge annuelle. Grâce à l'emploi du courant, la première dépense seule serait nécessaire, la seconde serait superflue, ou du moins sa proportion serait beaucoup moindre que par l'emploi de la vapeur.

A l'avantage que présente ce système, sous le rapport de la dépense absolue, il faut ajouter un autre avantage économique; c'est qu'il permettrait de procéder graduellement à la distribution, sans exiger, de prime-abord l'avance d'un capital considérable qui demeurerait improductif, en tout ou en partie, jusqu'à la complète exécution. Grâce à son adoption, la ville de Lyon, dont les finances sont obérées, et dont le crédit se trouve, comme celui de l'Etat, sous la menace d'éventualités qui peuvent d'un jour à l'autre tarir les sources de la prospérité générale et du revenu public, pourrait exécuter sa fourniture d'eaux potables, au moyen d'allocations successives sur son budget annuel des dépenses extraordinaires.

Dans le système adopté par l'ancien conseil municipal, il faut débuter par le déboursé du capital considérable nécessaire pour l'acquisition des Petits-Brotteaux, de plusieurs machines à vapeur , de tout un système de tuyaux indispensables pour amener l'eau aux portes de Lyon, de coûteux réservoirs en maçonnerie. Il faut absolument créer, de prime-abord , des établissements tels qu'ils puissent plus tard subvenir à la totalité de la fourniture, compliqués de toutes les exigences imprévues que l'expérience pourra faire surgir.

Dans celui dont il s'agit, au contraire , rien n'empêche de se limiter d'abord à la fourniture d'un seul quartier , de celui dont les besoins seront jugés les plus urgents, de créer pour ce quartier un service distinct, indépendant, qui, tout en satisfaisant à un besoin immédiat mais restreint , pourra continuer cependant à fonctionner plus tard parallèlement aux autres et faire partie intégrante d'une distribution générale.

A toutes ces économies, ajoutons-en une dernière, celle de la force motrice considérée en elle-même.

La mise en activité du projet de 1847 suppose le concours de quatre machines à vapeur, deux de cent chevaux, deux de cinquante, destinées à se suppléer mutuellement, en cas d'avaries et de réparations, et le concours effectif et constant de cent cinquante chevaux-vapeur fonctionnant douze heures par jour.

D'où il résulte que cette force totale pourrait être à la rigueur remplacée par celle de 75 chevaux produits par un moteur hydraulique qui fonctionnerait constamment, comme peuvent le faire des appareils bien construits et solidement installés. Sans pousser nos déductions jusque-là, il est évident qu'il y a un avantage considérable dans l'emploi d'un moteur qui marche de lui-même, sans interruption et sans l'auxiliaire d'aucun effort humain, d'aucune impulsïon artificielle, et qui exige un mécanisme moins compliqué, une surveillance incomparablement moindre que tout autre, et surtout que les machines à vapeur.

La force active que, dans le dernier des projets adoptés par lui, le Conseil municipal a cru néces-

saire, pour pourvoir à la fourniture totale de l'agglomération lyonnaise, est de 150 chevaux-vapeur, fonctionnant douze heures sur vingt-quatre.

Nous adoptons cette évaluation comme con-
forme aux données de la science, et dès lors le
problème à résoudre pour nous se réduira à trouver, dans le courant du Rhône, au moyen d'usines
construites d'après le système précédemment exposé, une force totale de 150 à 200 chevaux, et à
la répartir suivant les besoins et les localités.

Sans nous jeter dans des calculs techniques, qui
ne seraient pas du goût de la très-grande majorité
des lecteurs , nous nous bornerons à raisonner
d'après des analogies faciles à saisir , et dont les
éléments sont sous les yeux de tout le monde.

Prenons pour terme de comparaison les moulins
flottants établis sur le Rhône, dans des conditions
à peu près analogues à celles où se trouveraient nos
appareils. La force motrice dont disposent ces usines est évaluée à environ 12 chevaux-vapeur. On
peut , du reste , sans se hasarder beaucoup , affirmer que cette force peut être augmentée du tiers
ou du quart, et atteindre, par conséquent, le chiffre de seize à dix-huit chevaux.

Pour s'en convaincre il suffit d'observer que les

bateaux sur lesquels reposent les roues auxquelles s'applique la force du courant, ont un diamètre assez considérable, justifié d'ailleurs par les conditions propres à ces sortes d'établissements, à l'intérieur desquels doivent être installés des meules pesantes, un mécanisme assez compliqué, des entrepôts de grains et de farines, et qui sont en même temps de véritables maisons d'habitation. Vis-à-vis d'appareils dont le rôle consisterait seulement à engendrer la force motrice, et qui ne porteraient guère que le poids de leurs propres roues, ces dimensions pourraient être réduites sans inconvénient. Par une modification aussi simple, sans empiéter davantage sur le lit du fleuve, on pourrait donner plus de développement aux palettes des roues, et augmenter la force motrice dans une proportion équivalente.

Admettant donc que, de chacun de ces mécanismes hydrauliques, on puisse extraire une force de 16 ou 18 chevaux, il en résultera que dix ou douze machines pareilles pourront remplacer les pompes à vapeur auxquelles on voulait demander la puissance motrice nécessaire à la fourniture d'eaux potables.

On aura d'autant plus de chances d'obtenir un

tel succès, qu'au lieu d'un travail de douze heures on pourra, sans dépense de combustible, et avec une faible augmentation de frais de surveillance et de personnel, demander au moteur un travail de quinze ou seize heures.

L'espace à prendre sur le fleuve, dans le sens longitudinal, doit être aussi l'objet de quelque considération ; car les bords du Rhône étant occupés en partie par des bateaux à laver et autres usines flottantes, il importe qu'un service hydraulique, organisé sur les bases que nous proposons, porte le moins de préjudice possible à ces utiles établissements.

A cet égard, il suffit de faire observer que, pour l'installation d'un tel système, on peut disposer d'un développement total d'environ 6,000 mètres, depuis le faubourg de Bresse jusqu'à l'extrémité de la presqu'île Perrache, et que, sur un tel développement, il est facile de trouver des emplacements convenables pour l'installation des appareils et des puisards. Sur divers points, il serait même superflu de déranger les bateaux amarrés le long des rives : les appareils dont il s'agit pouvant, sans inconvénient appréciable, et même avec avantage, être fixés dans une zone extérieure, où ils trouveraient une eau plus profonde et un courant plus rapide.

En supposant douze usines de ce genre nécessaires à la fourniture totale de Lyon et de la Croix-Rousse, et en leur attribuant un développement longitudinal de quarante mètres chacun, y compris les points d'amarrage, on aurait un total de cinq cents mètres environ à prendre sur ce développement de 6,000 ; ce qui ne constitue ni une impossibilité ni même un embarras sérieux, et ne préjudicie en rien aux autres emplois commerciaux et industriels de cet utile et magnifique cours d'eau.

Maintenant quelle sera la répartition de ces bateaux-moteurs ? Comment s'organisera ce service fondé sur leur emploi ? Dans un travail en quelque sorte rudimentaire et dont l'unique but est d'exposer quelques idées générales, et de prouver la possibilité de faire, nous ne saurions avoir la prétention de traiter cette question d'une manière approfondie et détaillée.

Nous nous bornerons donc à cet égard à quelques indications sommaires qui n'ont rien d'absolu, et qui peuvent être acceptées, repoussées ou modifiées, sans que l'ensemble du système périclite.

En thèse générale, la manière la plus simple d'organiser un tel service, ce serait de partager notre ville en zones horizontales et en périmètres distincts, en tenant compte non seulement de l'espace superficiel de chaque division et de ses besoins, mais de sa hauteur au-dessus du niveau de nos rivières, et de telle sorte que chacune de celles-ci correspondît à un puisard et à l'un de ces moteurs flottants.

Ainsi, toute la partie supérieure de la ville de Lyon, depuis l'enceinte fortifiée jusqu'au bassin du Jardin-des-Plantes, du Rhône à la Saône, pourrait former une zone ayant son service particulier.

Du Jardin-des-Plantes à la place Sathonay, une autre zone comprendrait tous les quartiers compris entre les plans horizontaux passant par ces deux points.

Le reste de la ville, du nord au midi, et en y comprenant les quartiers placés sur la rive droite de la Saône, pourrait être divisé en trois ou quatre divisions alimentées de la même manière.

Ce système pourrait être appliqué à la Guillotière qui jouit de l'avantage d'avoir un niveau partout égal, ou à peu près, avec plus de facilité encore qu'à la ville proprement dite. Il suffirait pour cela de deux ou trois puisards et d'autant d'appareils hydrauliques correspondant au nord et au sud, et à la partie intermédiaire de son territoire.

Le plateau de la Croix-Rousse qui, à la condition d'un niveau élevé d'environ 90 mètres au-dessus de l'étiage de nos rivières joint, celle d'une population nombreuse à alimenter, peut être doté d'un service particulier au moyen d'appareils hydrauliques installés le long du cours d'Herbouville où le cours du Rhône est très-rapide, et où le thalweg très-rapproché du quai rendrait cette installation facile et efficace.

Il est à observer du reste que cette dernière fourniture, comme tout ce qui se rattache au service des zônes élevées, exigera, comparativement à la quantité d'eau fournie, une beaucoup plus forte dépense de force motrice. En supposant que la hauteur à laquelle serait portée l'eau pour la fourniture des quartiers bas fût de 20 mètres au-dessus de l'étiage, limite admise par les divers projets soumis dans ce but au conseil municipal, il faudrait une force quatre fois plus grande pour élever à 80 mètres la même quantité d'eau. C'est, du reste, là une nécessité inhérente à tous les genres de moteur, une conséquence rigoureuse de notre position topographique.

Quant aux emplacements les plus convenables à l'établissements de puisards et de moteurs hydrauliques, on peut signaler hardiment en amont de Lyon toute la partie du fleuve comprise entre le faubourg de Bresse et la barrière St-Clair.

Dans toute cette partie du cours du Rhône, ses eaux sont concentrées dans un seul bras qui a beaucoup de profondeur et de rapidité, et ne quittent pas le pied du talus qui forme le revêtement de la chaussée.

Il est vrai que, depuis la barrière en question jusqu'à la place de la Boucle, la ligne de maisons particulières qui bordent la voie charretière, ne laisse aucun emplacement libre pour l'établissement de puisards, à moins de creuser ceux-ci dans les cours de ces maisons, ou dans l'épaisseur de la chaussée ; mais cette portion du lit du Rhône n'en est pas moins très-propre à l'installation des moteurs flottants, dont l'impulsion pourrait être transmise, d'après le mécanisme que nous avons précédemment expliqué, à des puisards placés sur les points de la voie publique convenables pour cette destination, et à des distances plus ou moins considérables du centre d'impulsion.

Quant à la partie du cours en question qui se trouve entre la place de la Bouche et l'entrée du faubourg de Bresse, elle est éminemment propre à l'établissement combiné du moteur et des puisards sur lequel le premier doit opérer. Au pied des Balmes, qui dominent le voie publique, et dont la composition est éminemment sablonneuse, apte à la filtration des eaux, on trouve des emplacements libres en assez grand nombre, où l'on pourrait creuser des puits à une distance de 20 à 25 mètres du fleuve. Nous en citerons trois principaux : à l'entrée du faubourg de Bresse, l'établissement de M. Vidalin, teinturier, qui contient deux puisards *spécimens* très-remarquables comme qualité et comme quantité du résultat que l'on peut obtenir de la filtration naturelle. L'un d'entre eux, situé à environ 25 mètres du Rhône, ayant 2 mètres de largeur et 1 mètre 50 de puisage, fournit une eau d'une température constamment égale, d'une limpidité parfaite; et le liquide s'y renouvelle avec tant de facilité, qu'une force de 20 chevaux-vapeur, qui y est fréquemment appliquée, ne parvient jamais à l'épuiser. L'autre puisard, de trois mètres de largeur, et situé sur un point plus éloigné, fournit de l'eau présentant la même qualité, avec une abondance proportionnée à ses dimensions. Les terrains adjacents sont d'ailleurs dans des conditions équivalentes.

Nous citerons encore les terrains où étaient placés autrefois les remises de l'hôtel Henri IV et la place même de la Boucle parfaitement disposée pour cela.

En pénétrant dans l'intérieur de la ville, comme points propices à l'établissement d'appareils hydrauliques et de puisards, nous trouvons la place des Pénitents-de-la-Croix, correspondant à un appareil qui serait placé en face sur le Rhône; le port St-Clair, dont le puisard aurait pour moteur l'appareil de la rue Dauphine, ou tout autre construit sur cet emplacement. Un moteur placé en aval du pont Morand, et occupant toute la largeur de la 2e arche, rive droite, pourrait s'appliquer à un puisard placé ou sur la place du Collége ou dans une des cours de cet édifice. Le quai de Bon-Rencontre et la place des Cordeliers; le pont de la Guillotière dont la 4e arche pourrait être consacrée à cette destination, et la place de la Charité; le quai de ce dernier nom et la place Grôlier; enfin les nombreux terrains vagues qui se trouvent dans la partie méridionale de notre ville fourniraient des emplacements variés, plus ou moins convenables à l'application et aux développements de ce système.

La fourniture du coteau de Fourvières, élevé de 130 mètres au-dessus du niveau de nos rivières, mais où la population est rare; les quartiers de St—Just et de St-Irénée, pourraient être alimentés au moyen d'appareils de même nature placés dans les mêmes conditions et spécialement affectés à cette fourniture; car le puisard et la force motrice étant donnée, c'est une faible aggravation de frais; ce n'est pas un obstacle mécanique que la transmission du liquide à une distance horizontale de mille à douze cents mètres; la véritable difficulté gît dans la dimension de la colonne ascensionnelle dont le poids croit en raison directe de la hauteur.

Pour quelques-unes de ces indications, on peut objecter que des puisards situés au cœur de la ville donneraient nécessairement des eaux analogues à celles des puits ordinaires, et par conséquent de mauvaise ou de médiocre qualité.

A cela, et sans entrer dans de longs développements, nous répondrons que la mauvaise qualité des eaux fournies par les puits de cette dernière

catégorie tient à leur situation dans des cours inté-
rieures, dans le voisinage des fosses d'aisances non
betonnées ou en mauvais état, et dont les produits
infectent les terrains adjacents; qu'elle tient surtout à la petite quantité de liquide journellement
extraite de ces réservoirs, qui par cela même se
laissent pénétrer, en plus forté proportion par les
liquides infects et malfaisants.

Mais il est certain que partout où les puits sont
situés dans de bonnes conditions, en dehors des
habitations privées, et du rayon de ces foyers
d'infection, et même à une distance assez éloignée
du fleuve dont le cours souterrain les alimente, ces
réservoirs fournissent une eau limpide, d'une
température égale en toute saison, remplissant les
conditions hygiéniques jugées nécessaires.

Nous citerons à l'appui de cette allégation les
pompes du port Saint-Clair, de la place du Plâtre,
de celle des Cordeliers, dé l'Hôpital général, de
la place Grôlier et de celle d'Henri IV. C'est là
d'ailleurs une vérité qu'ont reconnue et constatée
les divers documents fournis à l'ancien conseil
municipal de Lyon, et qui ont servi de base à ses
décisions. C'est une vérité, que ce conseil a impli-
citement consacrée en votant à diverses reprises la

construction de puisards placés soit à l'intérieur de la ville soit à l'aval.

Au surplus, et c'est par là que nous clôturerons cette partie de notre exposé : dans la supposition extrême où, par une raison ou une autre, on trouverait des inconvénients que nous ne pouvons entrevoir à l'adoption d'un système qui reposerait, en partie, sur la construction de puisards placés à l'intérieur même de la cité, et sur les points judicieusement choisis, rien n'empêcherait d'installer la totalité des appareils hydrauliques et des puisards en amont de notre ville, entre la propriété de M. Vidalin, à l'entrée du faubourg de Bresse, et la place de la Boucle.

Cette partie du cours d'Herbouville a un développement total de mille mètres, environ le double de celui qu'occuperaient, en les supposant placés à la suite les uns des autres, les douze moteurs flottants que nous avons approximativement jugés nécessaires pour créer la force de 150 à 200 chevaux-vapeur, que l'ancien conseil municipal avait adoptée comme base de son projet de distribution générale, et comme suffisant à toutes les éventualités qui s'y rattachent.

Ainsi que nous l'avons déjà fait observer, dans

cette partie de son cours le fleuve est concentré dans un seul bras profond , rapide ; le thalweg ne passe pas à plus de quarante ou quarante-cinq mètres du quai dont il suit les contours ; il ne manifeste aucune disposition à s'écarter de sa direction actuelle , et il serait, en tout cas, facile, au moyen de quelques travaux exécutés en prévision d'une déviation future, de le fixer irrévocablement dans le lit qu'il occupe à cette hauteur.

Quant aux puisards, dans cette hypothèse , on les établirait , dans d'excellentes conditions de limpidité , de fraîcheur et de bonne composition chimique, aux pieds des balmes qui dominent ce défilé , et le long duquel existent de fréquentes solutions de continuité dans la ligne des maisons riveraines.

La seule dépense supplémentaire qu'exigerait un tel parti , ce serait celle de conduits en fonte ou en tôle, au moyen desquels l'eau extraite des puisards serait portée jusqu'aux différentes zones de distribution. Cette dépense serait réelle et même assez considérable ; mais elle ne saurait cependant constituer ni une impossibilité , ni un sérieux obstacle.

§ VII.

RÉSERVOIRS DE DISTRIBUTION.

Le projet exposé au conseil municipal de Lyon, dans la séance du 7 juin 1847, et adopté par ce conseil dans celle du 5 août de la même année, admettait pour la distribution de l'eau quatre grands réservoirs.

L'un d'eux, de la capacité de 10,000 mètres cubes, aurait été adapté aux remparts de la ville sur un point placé entre le bastion Saint-Laurent et la porte St-Clair.

Le deuxième, destiné au moyen service, côté nord de la ville, eût été établi dans les casemates du bastion St-Laurent, sa capacité eût été de 2,000 mètres cubes.

Le troisième, de la capacité de 2,000 mètres, et destiné à la fourniture de la zône supérieure, y com-

63

pris la Croix-Rousse, aurait été installé sur les hauteurs culminantes de Montessuy.

Enfin, un quatrième, que ne mentionnait pas d'une manière expresse le projet dont il s'agit, mais qui était le corollaire indispensable de tout le système, devait être construit sur les hauteurs de Saint-Irénée pour alimenter tous les quartiers subjacents.

Tous ces réservoirs en maçonnerie, de capacité considérable, établis sur des hauteurs dont l'accès est difficile, devraient entraîner de grandes dépenses qui absorberaient la moitié de la somme d'environ 600,000 f. portée au projet pour réservoirs, maçonnerie, puisards, acquisitions de terrain, etc. C'est là, sans doute, une des nécessités du système sur lequel reposait la fourniture adoptée par la municipalité lyonnaise, et qui, admettant des moteurs intermittents, devait créer des moyens de tenir en réserve une portion considérable de l'approvisionnement jugé indispensable, afin d'éviter les interruptions de fourniture, inévitables dans toute autre hypothèse.

Dans le système que nous proposons, cette dépense peut être évitée ou notablement atténuée.

Nous admettons des réservoirs, mais non comme

devant contenir tout ou partie de l'approvisionnement quotidien de la ville, mais comme moyen de
régulariser la pression que le liquide devra exercer
sur les conduits pour que l'écoulement ait lieu.

Mais réduits à cette fonction, les réservoirs ne
devront pas avoir la même capacité, ne devront
pas être construits d'après les mêmes procédés et
n'entraîneront pas les mêmes dépenses.

De simples bassins en tôle, en zinc ou en plomb,
placés sur des points élevés et semblables à ceux
qui existent déjà sur plusieurs édifices publics et
privés, et notamment sur le théâtre, et de la contenance de cinquante à soixante mètres cubes,
rempliraient convenablement cette destination.

On conçoit que pour contenir le tiers, la moitié
ou la totalité de l'approvisionnement d'une population de près de trois cent mille âmes, de vastes et
solides constructions soient nécessaires : on conçoit que pour maintenir cet amas d'eau à une température convenable, il soit nécessaire de la proté-
ger par des murs et des voûtes contre la chaleur en
été, contre le froid en hiver ; on comprend que
pour remplir toutes ces conditions, des frais consi-
rables soient nécessaires.

Mais toutes ces nécessités disparaissent dans un

système où l'alimentation part d'une source iné-
puisable mise en mouvement par une force gratuite qui ne se lasse pas et que l'on peut mettre en
réquisition jour et nuit ; d'une eau qui, ne séjour-
nant pas, n'a le temps ni de se corrompre, ni de
changer sensiblement de température ; d'une eau
enfin dont le véritable réservoir est installé dans
les entrailles de la terre par les mains de la nature
elle-même, à une profondeur qui défie toutes les
causes perturbatrices.

Partant de ces données , on pourrait , pour chaque périmètre de distribution, établir un réservoir
de pression, qui serait placé soit sur le flanc de
nos coteaux, là où la disposition du sol se prête-
rait à une construction de ce genre, soit sur les
combles de quelques-uns de nos édifices publics,
vis-à-vis desquels ils serviraient en même temps
de précautions contre le danger du feu.

Deux ou trois pourraient être échelonnés le long
de l'enceinte bastionnée qui s'élève de la porte St-
Clair à celle des Bernardines, pour desservir les
différentes zones horizontales qu'il est nécessaire
d'établir , pour faire participer ces quartiers élevés
et populeux aux bienfaits d'une distribution
d'eaux.

Pour la partie inférieure de la ville, de tels réservoirs pourraient être installés sans le moindre inconvénient dans les bâtiments de l'Hôtel-de-Ville, du Collége, des Hospices, de la Manufacture de Tabacs, de l'Entrepôt général des Liquides, à Perrache, etc.

Pour le quartier de l'ouest, les bâtiments de l'Antiquaillé ou du Dépôt de Mendicité, l'enceinte fortifiée de l'ouest fourniraient à cet égard toutes les facilités possibles.

Nous ne quitterons pas ce sujet sans faire observer qu'à Toulouse, ville qui possède une distribution modèle, fondée sur le principe du moteur hydraulique, il n'existe pas de réservoir de contenance; mais seulement une cuvette de distribution placée sur le point culminant de son enceinte et de laquelle partent toutes les conduites qui se ramifient de là dans toutes les parties de la voie publique; et cette cuvette qui est en fonte n'a qu'une capacité très-peu considérable. Il est vrai que Toulouse est situé en plaine, tandis que la topographie de Lyon est des plus accidentées et comprend des niveaux qui varient depuis sept ou huit mètres au-dessus de l'étiage, jusqu'à 80 et même 130 mètres.

Mais tout ce qu'on peut induire de là, c'est que,

chez nous, les zônes et les centres de distribution doivent être plus multipliés. Les approvisionne-ments de liquide, sur un point ou sur un autre, sont une simple superfétation toutes les fois qu'on dis-pose d'une source permanente, d'une force qui ne se repose jamais, et qu'on peut y puiser indéfini-ment soit l'eau dont on a besoin, soit le moteur nécessaire à son extraction.

§ VIII.

APPAREILS DE CLARIFICATION.

Prenant pour point de départ les appareils filtrants établis à Toulouse sur les bords de la Garonne, et se guidant aussi sur les essais tentés par une compagnie particulière, que dirigeait M. Dumont, ingénieur des ponts-et-chaussées, les auteurs du projet municipal établissent dans la plaine des petits Brotteaux des filtres d'un développement horizontal considérable. Ces filtres, qui ne sont autre chose que de grandes excavations creusées au bord du fleuve, doivent être intérieurement revêtus en maçonnerie, recouverts d'une voûte de même nature, garantie elle-même du contact de l'air et des rayons du soleil par une couche épaisse de terre végétale ou de gravier.

Il nous semble que cette partie du projet municipal serait susceptible d'une modification aussi avantageuse au point de vue de l'économie, qu'à celui des conditions hygiéniques de la fourniture.

L'exemple de Toulouse prouve, à la vérité, qu'avec ce mode de clarification on peut arriver à de bons résultats, et nul doute qu'à Lyon aussi il ne fût applicable avec un succès pour le moins équivalent.

Mais il ne prouve pas qu'on ne puisse faire mieux encore, surtout dans les heureuses conditions topographiques où Lyon se trouve placé.

Si l'on part de ce principe, admis comme base de tout le système de clarification naturelle : à savoir, que le sous-sol d'un fleuve comme le Rhône et des terrains adjacents est constamment imprégné d'une masse liquide qui s'y infiltre par l'action de la gravité, favorisée par la porosité d'un tel milieu ; que ces eaux forment comme un vaste courant intérieur paralèle à celui du fleuve proprement dit, et peut-être plus considérable ; que cette nappe d'eau souterraine, véritable source perdue pour l'agriculture, pour la météorologie, pour les besoins industriels et domestiques, fournit de l'eau limpide, de bonne qualité, de température toujours égale, propre à constituer la base d'une bonne distribution d'eaux potables, on arrivera à reconnaître quelques vérités qui doivent servir de règle, en cette matière.

En construisant des filtres ou puisards étendus dans le sens vertical au lieu de l'être dans le sens horizontal, on obtiendra les avantages dont voici l'énumération :

1° Avec une surface filtrante égale, on obtiendra un produit plus considérable, et qui augmentera avec la profondeur. La force ascendante du liquide au travers du milieu filtrant aura en effet d'autant plus d'efficacité, que la pression de la colonne liquide extérieure sera plus grande, et que celle-ci est proportionnelle à la hauteur. De telle sorte, qu'un puisard dont la profondeur sera quadruple et où la surface filtrante sera soumise à une pression quadruple aussi, donnera un produit quatre fois plus considérable qu'un puisard de surface égale, mais creusé à une profondeur quatre fois moindre. Tout le monde sait, d'ailleurs, que, dans le creusement des puits, dans les travaux hydrauliques, l'épuisement des eaux devient d'autant plus difficile, que l'on descend à une plus grande profondeur.

2° L'eau prise à un niveau plus éloigné de la surface du sol, ayant eu à traverser une couche plus épaisse de terre ou de gravier, sera toujours mieux clarifiée que celle qui sera puisée à une moins grande distance de la surface.

3° Cette eau ayant séjourné plus longtemps dans un milieu dont la température, à raison de son éloignement de la surface du sol, est à peu près invariable, aura elle-même une température à peu près constante : elle paraîtra chaude en hiver et se congèlera difficilement ; en été, elle sera fraîche, tonique et agréable à boire.

4° La dépense de construction des puisards étant en raison directe de la surface filtrante, il est évident que plus ces puisards iront prendre l'eau avant dans les entrailles de la terre, moins leur création entraînera de frais.

De tout cela nous nous croyons en droit de conclure que des puisards d'une grande profondeur, que nous appellerions verticaux par opposition aux autres ; que des puits, s'il faut trancher le mot, construits avec plus de soin et de solidité qu'on ne le fait ordinairement, creusés jusqu'à cinq ou six mètres au-dessous de l'étiage, remplaceraient avantageusement, sous tous les rap-

ports, les filtres à grand développement horizontal, tels qu'ils ont été établis à Toulouse, et tels
qu'ils ont été proposés et essayés pour Lyon.

Au surplus, l'expérience n'est pas à faire en ce
qui concerne les puisards de cette espèce. La presque totalité des puits qui servent à l'alimentation
domestique et industrielle de notre ville sont des
spécimens de ce genre de filtration : ce sont de véritables puisards qui, au lieu de présenter une
surface étendue dans le sens horizontal, ont une
profondeur relative considérable. Les produits
qu'on en obtient prouvent d'ailleurs que l'eau de
nos rivières qui les alimente, au moins dans toute
la partie basse de la ville, et dans les lieux éloi-
gnés des foyers d'infection, ne laisse rien à désirer
sous le rapport de la qualité et de la température.
Leur puissance est telle que le puits de M. Guinon, teinturier, situé aux Brotteaux et à environ
vingt mètres du Rhône, fournit vingt-quatre pou-
ces fontainiers, soit 750,000 litres, ou 750 kilolitres par vingt-quatre heures; celui de M. Vidalin,
cours d'Herbouville, rive droite du fleuve, est dans
le même cas.

Prenons ces deux puits ou puisards pour exemple et admettons, ce qui est rigoureusement vrai,

que le produit est en raison composée de la profondeur et de la surface filtrante. Si nous supposons que le puits Guinon ait un diamètre double,
c'est-à-dire quatre mètres au lieu de deux, la surface filtrante étant comme le carré de la dimension,
sera quatre fois plus considérable. Si, d'un autre
côté, nous supposons, ce qui n'a rien d'impossible,
que la profondeur soit quadruplée, nous aurons
un filtre naturel dont la puissance, par cette double opération, sera devenue huit fois plus considé-
ble, et fournira 6,000 kilolitres : le tiers de toute
la fourniture jugée convenable pour Lyon.

§ IX.

HAUTEUR DES RÉSERVOIRS DE DISTRIBUTION. — SERVICE PUBLIC ET PRIVÉ.

Un point très-important à fixer dans l'établissement d'un service de ce genre, c'est la hauteur à laquelle on veut porter l'eau pour la distribution de chaque zone.

Le projet élaboré et adopté en 1847, partant du principe que les étages supérieurs doivent être desservis comme les rez-de-chaussée, propose de créer un double service : l'un, pour le plein pied des maisons, serait fourni sous la pression constante d'un réservoir situé à 20 mètres au-dessus du sol ; l'autre, pour les étages supérieurs, partant d'un réservoir placé au bastion St-Laurent, c'est-à-dire à environ 40 mètres du sol.

Nous ne croyons pas que cette idée puisse résister à un examen approfondi.

Deux services établis sur le même terrain, et correspondant à des hauteurs différentes, suppose-raient un double réseau de conduites souterraines, une énorme augmentation de dépenses, une immense surcroît de complications pratiques.

Il est donc nécessaire d'opter entre la distribution du plan inférieur et celle du plan supérieur.

Dans ce dernier cas, le même système de tuyaux, le même réservoir fourniraient l'eau à deux zónes superposées , mais la dépense de forces se trouve considérablement accrue, puisque, dans cette hypo · thèse, il devient nécessaire de porter à une hauteur presque double la même quantité de liquide, et, par conséquent, de doubler l'effort total.

Mais est-il bien nécessaire de mettre l'eau à la portée des étages les plus élevés de nos maisons, dont la hauteur est de 20 à 25 mètres au-dessus du niveau de la voie publique?

Nous ne le pensons pas, et surtout nous ne croyons pas qu'il convienne, dans ce but, de dou-bler ou de tripler la dépense qu'entraînerait le ser-vice de la zone inférieure.

En voulant porter l'eau aux étages les plus éle-vés de nos maisons, on s'est trop préoccupé des distributions anglaises, basées sur des usages tout différents des nôtres, où chaque maison sert d'habitation à une famille, où la cuisine située au rez-de-chaussée, sinon dans les caves même, est disposée pour recevoir une distribution d'eau potable, au moyen des conduits placés sous le sol de la voie publique. On ne s'est pas demandé si, en France, et surtout à Lyon, les inconvénients d'une distribution dans chaque ménage, et à tous les étages, n'étaient pas de beaucoup supérieurs aux avantages qu'on pouvait en retirer.

On peut faire de beaux raisonnements sur le temps que perd l'ouvrier pour aller au rèz-de-chaussée chercher l'eau dont il a besoin.

En théorie cela est sans réplique; dans la pratique, il est incontestable que, pour le ménage le plus laborieux, le plus occupé, il y a des instants de relâche accidentels ou obligés; des moments perdus, des forces qui restent momentanément oisives; qu'en réalité, et sauf de très-rares exceptions, le temps consacré à satisfaire de pareils besoins n'est, pour le travailleur le moins aisé, qu'une distraction peu fatigante, peu onéreuse, et souvent utile à la santé.

Si, au lieu de chercher nos exemples dans un pays dont les mœurs diffèrent essentiellement des nôtres, nous les recherchons dans les modèles plus rapprochés de nous, et qui sont avec nous en communauté de coutumes et de civilisation, nous y trouverons des arguments d'une force incontestable contre l'emploi de ce système.

A Toulouse, par exemple, où une distribution d'eau potable, la plus complète de toutes celles qui existent en France, a été établie par un service hydraulique, au moyen de l'eau clarifiée de la Garonne, la distribution gratuite ou marchande ne dépasse pas le niveau horizontal de la ville et celui auquel on a dû porter le liquide pour alimenter les fontaines monumentales dont cette ville a été embellie à cette occasion.

Toulouse étant bâti sur un terrain plat, l'eau a été élevée à 6 mètres 50 plus haut que le sol de la place Roubais, qui est elle-même son point culminant. En tout, à 20 mètres seulement au-dessus des moyennes eaux de la rivière.

Ainsi donc, dans cette ville on a jugé qu'une hauteur de 6 mètres 50 fournissait une pression *minimum*, suffisante pour une distribution destineé à fournir des fontaines jaillissantes aussi bien que de l'eau aux particuliers.

Nous savons bien ce qu'on peut objecter à cela.

On peut dire que cette hauteur ne saurait répondre aux nécessités d'un service qui embrasserait aussi les étages supérieurs de nos maisons élevées à 20 mètres et plus du sol.

Mais une telle distribution, si elle est possible, est-elle dans nos mœurs? est-elle dans nos besoins? il nous semble que cette question est résolue par ce fait seul qu'il n'y a pas une ville en France où existe une telle distribution, en dépit des avantages qu'au premier abord elle pourrait offrir, soit à une administration publique, soit à la spéculation privée.

On peut alléguer encore que la vente de l'eau aux particuliers ne peut être réellement avantageuse, que dans le cas où elle serait mise à la portée de tous les ménages, c'est-à-dire de tous les étages.

Mais ne s'est-on pas fait illusion sur la portée financière de cette opération? Peut-on espérer raisonnablement qu'une population à qui l'on distribuera de l'eau gratuitement à chaque angle de rue, paiera celle qu'on fera parvenir jusque dans le domicile de chaque habitant?

Ce qui, nous le croyons, a créé l'illusion dont on s'est bercé à cet égard, c'est qu'on s'en est rapporté aux données économiques fournies par l'application du système anglais , dont cependant on repousse une des bases essentielles.

En Angleterre, toute distribution d'eau est essentiellement l'œuvre de la spéculation. On n'y voit rien qui ressemble à ces distributions gratuites qui ont lieu en France et dans la plupart des grandes villes du continent, distributions qui font naturellement une rude concurrence aux distributions payantes et à domicile.

S'imaginer que l'on peut jeter de l'eau sur presque tous les points de la voie publique, et la vendre ensuite à l'intérieur des maisons , n'est-ce pas comme si l'on établissait une boulangerie gratuite dans chaque rue, et qu'on entreprît de faire payer le pain porté à domicile, surtout lorsqu'au prix de la denrée achetée il faut ajouter celui de l'établissement d'appareils nécessairement dispendieux et qui , en cas de vices de construction et de fuites d'eau , ne seraient pas sans inconvénient pour la solidité et la salubrité des maisons ?

En Angleterre d'ailleurs , les habitations particulières des villes sont généralement construites sur un plan tout-à-fait différent de celui qui est mis en pratique dans nos villes françaises, et surtout à Lyon.

Dans cette contrée les maisons occupent une
superficie horizontale peu considérable et sont
d'une médiocre hauteur, sauf les exceptions. Chacune d'elles sert d'habitation à une famille unique. La cuisine, à laquelle aboutissent les conduites d'eau est située à la place qu'occupent les caves
chez nous , c'est-à-dire au-dessous du niveau du
sol. On comprend quelle facilité offrent ces dispositions pour l'établissement d'une distribution à
domicile. Chez nous, au contraire, c'est le système
opposé qui est en vigueur. D'immenses édifices
desservis par un escalier commun , continuation
de la voie publique , contiennent de nombreuses
familles échelonnées à différentes hauteurs, depuis
le rez-de-chaussée jusqu'au sixième étage, et dont
chacune s'efforce de retrouver en développement
horizontal l'espace que la famille anglaise occupe
dans le sens vertical. Il est facile de se rendre
compte des difficultés qui résultent d'un tel mode
de construction pour l'installation d'un tel service.

Ces inductions se trouvent, du reste, confirmées
par l'exemple de toutes les villes françaises où des
distributions gratuites ont lieu , et où le produit
des concessions privées est généralement insigni-

fiant et ne couvre pas même les frais de personnel et d'entretien.

Qu'on nous permette de citer encore ici l'exemple de Toulouse, une des rares cités françaises qui puissent nous fournir des enseignements pratiques à cet égard. Voici ce que nous lisons dans un rapport de M. d'Aubuisson de Voisins, ingénieur en chef, directeur au corps des mines, et daté de 1839, sur l'établissement des fontaines à Toulouse et sur leur résultat :

«Dans l'origine, lisons-nous à la page 62, les propriétaires des grandes maisons avaient presque tous témoigné le désir d'avoir des eaux chez eux ; des dispositions avaient même été prises pour les satisfaire. Mais lorsqu'ils ont eu presque à leur porte de l'eau en abondance et dans toute sa fraîcheur, et qu'ils ont pu pourvoir à tous leurs besoins , sans se donner les soins et les dépenses d'une concession particulière, ils y ont renoncé, etc. Aussi le produit total de ces concessions ne s'élève-t-il qu'à 7,400 fr., et reste-t-il inférieur aux frais d'entretien et de personnel qui monte au chiffre de 8,873 fr. »

Tel est l'inévitable résultat auquel on doit s'attendre.

Comme grand centre industriel, la ville de Lyon peut espérer un produit proportionnellement plus fort que celui qu'on a obtenu à Toulouse ; mais il ne serait pas prudent de compter sur un chiffre de beaucoup supérieur à celui des frais d'entretien et de personnel.

D'ailleurs, la presque totalité des établissements industriels , ateliers de teinture, etc, etc , bains, restaurateurs, etc., auxquels il pourrait convenir de s'imposer la charge d'une concession annuelle, étant situés à des rez-de-chaussées ou tout au plus à des premiers étages, il serait tout-à-fait inutile de porter le niveau des réservoirs de pression à une hauteur qui excèderait celle dont la nécessité serait démontrée pour un service de cette nature.

RÉSUMÉ ET CONCLUSION.

Nous croyons avoir suffisammeut démontré qu'il était possible d'organiser à Lyon, une distribution d'eaux potables, provenant originairement de cette intarissable et excellente source, qu'on appelle le Rhône, et naturellement clarifiées par leur filtration au travers du sol d'alluvion, dans lequel ce beau fleuve se fraie un passage.

Ce service peut être mis en activité au moyen de la force motrice presque sans limite, ou du moins fort supérieure à tous les besoins connus et possibles, que le courant du fleuve met à la disposition de l'administration ; et qui, aujourd'hui s'écoule presque sans emploi jusqu'à la Méditerranée.

Cette force peut être appliquée à l'eau directement extraite du lit du Rhône, ainsi que cela a lieu depuis 1832, pour la machine hydraulyque de la rue Dauphine. Elle peut l'être à peu de frais à celle que fourniraient des puisards échelonnés à une certaine distance de l'une ou de l'autre rive, et l'adoption de ce système aurait l'avantage de substituer une eau limpide et d'une température constante, à une eau quelquefois chargée de limon, et dont la température varie suivant les saisons, chaude en été, froide en hiver.

Ce système qui affranchirait une distribution publique des frais occassionnés par l'emploi de la vapeur, de l'intermittence inhérente à son inter-vention, se plierait en outre avec la plus grande facilité à toutes les exigences d'une topographie accidentée, et dont les niveaux varient à l'infini, depuis dix jusqu'à cent trente mètres au-dessus de l'étiage.

Il offre d'autres avantages : en premier lieu celui de pouvoir être expérimenté sur une petite échelle soit au moyen de l'appareil hydraulique de la rue Dauphine, aujourd'hui propriété municipale, soit au moyen d'un appareil spécial qui serait installé sur tel point des quais du Rhône, que l'administra-tion jugerait convenable; en second lieu de permettre le morcellement de l'opération de manière à pouvoir repartir sur un certain nombre d'exercices, les dépenses occassionnées par l'établissement du service public, commençant par doter d'une telle amélioration les parties de la cité où le besoin s'en fait sentir le plus impérieusement et en étendant successivement ses bienfaits à tous les autres.

En adoptant ce mode de distribution, la ville de Lyon ne se créerait aucune servitude extérieure, elle n'aliénerait aucune portion de sa voie publique, elle n'obstruerait aucune de ses perspectives, elle ne s'imposerait aucune incommodité. Il n'en serait pas ainsi, si elle avait recours à la vapeur, et si elle était obligée de faire les constructions que supposerait une vaste usine de cette nature.

Ne serait-ce pas une belle et fructueuse conquête, glorieuse pour l'administration dont elle serait l'œuvre, que celle qui consisterait à s'approprier cette source magnifique, qui coule le long des quais de Lyon, qui ne lave que les pieds, et s'en va à la mer chargée de nos seules immodices; à élever ses eaux naturellement clarifiées, au moyen de la force qu'elle-même fournit, à les voir jaillir sur nos places publiques, et jusque sur le sommet de nos coteaux, avec la faculté de pouvoir augmenter indéfiniment la quantité obtenue?

Indépendamment de l'avantage immédiat que Lyon puiserait dans l'adoption de ce système, l'expérimentation à laquelle il se livrerait, créerait un utile précédent au profit de plusieurs de nos villes méridionales, qui, par leur position sur les bords de rivières rapides et torrentueuses, dont les eaux ont avec celles du Rhône, une frappante analogie d'origine et de nature, se trouvent dans des conditions à peu près identiques à celles de la cité lyonnaise, et peuvent se procurer par les mêmes moyens une fourniture d'eaux limpides et potables.

Ainsi toutes les villes placées sur le Rhône et sur l'Isère, une partie de celles que baignent les rivières impétueuses qui descendent des Alpes, des Pyrénées et des montagnes du centre de la France, Vienne, Grenoble, Valence, Avignon, pourraient par ce système simple et économique, se procurer des eaux limpides, potables, d'une excellente qualité, et en quantité pour ainsi dire indéfinie. Peu de cours d'eau sont à la vérité aussi favorablement disposés que le Rhône pour cela. Mais en revanche la situation topographique, moins accidentée de la plupart des villes qui se trouveraient dans ce cas, leurs niveaux moins variés que celui de Lyon, ouvrivraient de merveilleuses facilités pour l'établissement d'une distribntion fondée sur cette base.

Quant aux centres de population, situés sur les bords de petites rivières torrentneuses et incapables de porter bateau, des usines flottantes pourraient être facilement remplacées par des machines fixes dans lesquelles la force motrice serait fournie par le courant régularisé, au moyen de prises d'eau et d'écluses, et se transmettrait à des puisards établis dans les conditions précédemment indiquées.

Quelques unes de ces villes, Grenoble par exemple, possèdent déjà des distributions d'eaux potables établies d'après un principe tout-à-fait différent. Dans le chef-lieu du dèpartement de l'Isère, une source dont le lit est situé au milieu du Cours, dans la plaine sablonneuse et humide qui sépare le Drac de l'Isère et qui est probablement une infiltration de la première de ces rivières, a été amenée jusque sur l'une des places principales, au moyen de tuyaux en fonte, et de là distribuée dans toute cette ville dont la surface est à peu près plane.

Mais ce système, dont la réalisation a doté cette ville d'une incontestable amélioration que lui envient encore une foule de cités plus importantes, offre cependant quelques serieux inconvénients :
1° Il limite le service à un niveau maximum de huit à neuf mètres audessus du sol de la place Grenette;

le point de départ de la source ne se trouve pas à une hauteur suffisante pour imprimer à la colonne liquide une force ascentionnelle capable de lui faire franchir cette zone; 2° il ne permet pas d'augmenter la fourniture dans la proportion des besoins nouveaux , qui pourraient se révéler plus tard; 3° enfin soit que cela tienne à la qualité de l'eau, d'ailleurs très limpide et agréable à boire de la source, soit qu'on doive l'attribuer à l'insuffisance de pression, les tuyaux en fonte au moyen desquels s'opère la distribution, ont été encombrés, après un certain laps de temps, de tubercules ferrugineux dont la présence à diminuée d'une manière notable, la quantité de liquide débité par les fontaines et bouches d'eau, et aurait fini par les intercepter tout-à-fait, si on n'avait pris le parti d'exécter un nettoiement fort dispendieux, opération qu'il faudra nécessairement recommencer d'ici à un nombre d'années assez borné.

Dans le système dont nous proposons l'adoption on eût échappé à ces inconvénients divers. L'emploi d'une force motrice empruntée à un cours d'eau volumineux et rapide, tel que le cours de l'Isère , eût permis d'élever l'eau à la hauteur que l'on aurait voulu.

Le produit de la source souterraine que nous mettons en réquisition au moyen de puisards, et qu'alimente l'Isère aussi bien que le Rhône, est indéfini, et eût permis une extension indéfinie dans la quantité d'eau distribuée. Enfin, la pression d'une machine dont la puissance peut être variée et accrue suivant les besoins sur la colonne liquide, contenue dans les conduites, ne permet pas la formation des tubercules ferrugineux, et devrait les détruire s'ils existaient. Ce qui est certain, c'est que ces tubercules ne se sont présentées, ni à Toulouse dont le service est alimenté par l'eau de rivière, ni à Lyon, où l'eau du Rhône est élevée par l'appareil hydraulique de la rue Dauphine, jusqu'au bassin du jardin des plantes.

Même aujourd'hui, nous en sommes convaincus, Grenoble aurait intérêt, tout en conservant et en utilisant le réseau de conduites qui sillonne la voie publique, à substituer l'eau d'un puisard, creusé sur les bords de l'Isère, à celle de la source, à remplacer, par la force motrice du courant de cette rivière, la pression fournie par le niveau assez peu élevé du lit de cette source.

En partant des données que nous avons exposées et dont nous avons fait l'application à l'agglomération lyonnaise, on peut poser hardiment ces principes :

1° Que toute ville située à proximité d'un cours d'eau intarissable et sur un terrain d'alluvion facilement perméable, faisant l'office de filtre naturel, a sous ses pieds, à quelques mètres de la surface du sol, une source intarissable d'eau généralement salubre, et qui au moyen de précautions convenables, sera d'une température égale, indépendante des vicissitudes atmosphériques ;

2° Que toute ville ainsi placée, peut emprunter au courant qui alimente cette nappe d'eau souterraine, une force gratuite, plus ou moins considérable, susceptible d'être utilisée, et au moyen de laquelle elle peut élever l'eau, de la source à un niveau convenable et l'approprier à ses besoins.

Tout cela repose sur cette vérité que nous croyons avoir mise hors de doute, que l'impulsion créée par un tel courant peut se transmettre sans inconvénient à des puisards creusés à une certaine distance du bord, comme elle pourrait s'appliquer à tout autre travail, à toute autre industrie.

En terminant, consacrons encore quelques mots à l'essai de puisard en plein lit du Rhône, tenté par la précédente administration munici-

pale, dans le voisinage de la machine hydraulique de la rue Dauphine. Cette tentative dont nous
nous sommes déjà occupé, dans le début de ce travail, est maintenant terminée et n'a pas été cou-
ronnée du succès qu'on en avait espéré. Ce résultat
que nous avions prévu, ne prouve rien contre
notre système. La pensée fondamentale qui a pré-
sidé à cette expérimentation, est à la vérité iden-
tique à la nôtre : appliquer à un puisard fixe un
moteur à niveau changeant. Mais le mécanisme
employé par l'ingénieur municipal n'a rien de commun avec celui que nous avons proposé, et surtout il n'y a rien de commun entre des puisards
échelonnés sur les bords du fleuve, fournissant
une eau qui aurait traversé un milieu d'une épaisseur de 15 à 20 mètres, et un puisard établi dans
le lit même, où l'eau trouble du fleuve pénètre,
après avoir traversé une couche de gravier de 1
mètre 50 centimètres au plus, et par conséquent
insuffisante pour opérer une clarification convenable.

Or c'est par là, si nous sommes bien informé,
que l'expérience a manqué. L'eau fournie par le
puisard dont il s'agit ne subissait pas de clarification suffisante, et ne différait pas sensiblement

de celle qui était prise au courant lui-même. Il en
eût été autrement si ce puisard eût été établi en
terre ferme, ou si on avait creusé assez profondé-
ment dans le lit du fleuve pour obtenir une plus
grande épaisseur de gravier et une filtration plus
complète. Une telle opération aurait sans doute
offert quelques difficultés ; mais elle n'avait rien
d'impraticable, et, dans cette hypothèse, la mairie
de cette époque aurait pu obtenir gain de cause et
avoir l'honneur de réaliser, dans de très-bonnes
conditions de qualité, et au meilleur marché possible, une distribution d'eaux limpides et potables
dans notre ville.

Le système que nous venons d'exposer n'a en
effet rien d'absolu ni d'exclusif, il ne supose pas
nécessairement l'adoption de telle ou telle forme,
de telle ou telle disposition de puisard, de telle ou
telle mode d'attaché, d'usines flottantes ou à point
fixe, de tel ou tel mécanisme. Il repose tout entier
sur cette vérité fondamentale : employer la force
motrice produite par le courant à élever l'eau
fournie par le fleuve lui-même, et clarifiée par filtration.

Ce problème a été résolu à Toulouse par un
canal de dérivation et une usine établie en terre

ferme et qui fonctionne depuis bientôt trente ans,
à la satisfaction des habitants de cette grande ville,
affranchies par là des charges considérables qu'eût
entraîné l'emploi de la vapeur.

Résolu à Toulouse, et, grâce à certaine conditions particulières au moyen d'un canal de dérivation, ce problème peut l'être à Lyon par l'emploi
d'un procédé différent qui ne sera qu'une autre
forme du même principe fondamental. Il peut
l'être avec simplicité et économie au moyen des
usines flottantes que nous avons indiquées ; il
pourrait l'être à l'aide d'appareils fixes comme
celui du pont St-Michel, à Paris ; ou par l'un ou
l'autre système modifié par la réflexion ou les résultats de l'expérience. L'idée fondamentale en soi
est juste, féconde et pratique tout à la fois, c'est
ce que nous croyons avoir victorieusement établi,
et cela nous paraît un titre suffisant à la préférence
qui pourrait lui être donnée.

Figure 1.

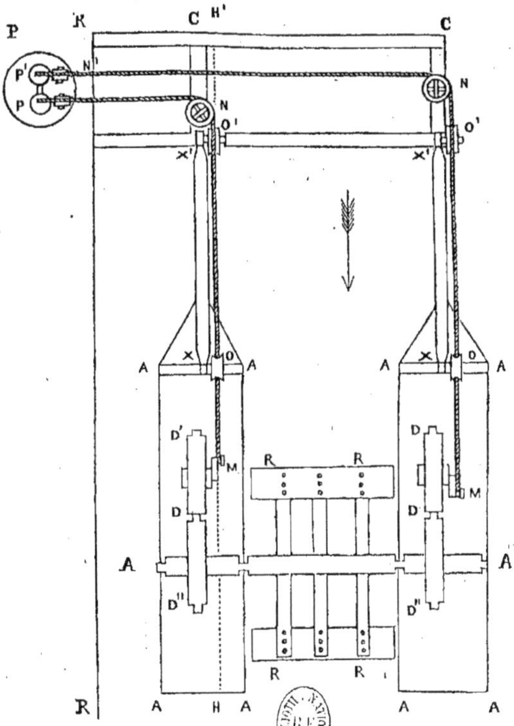

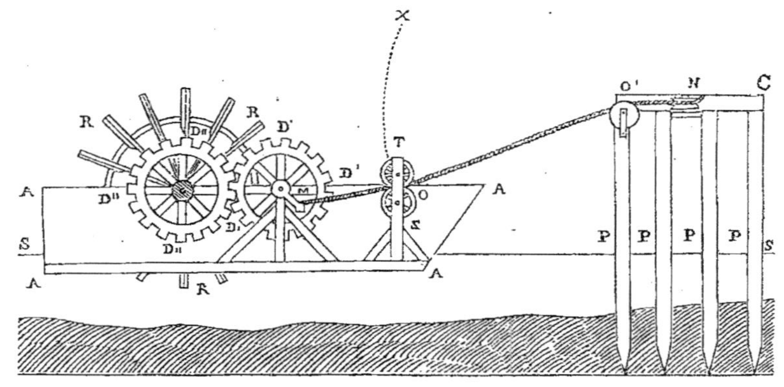

Figure 2

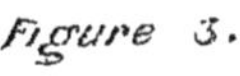

Figure 3.

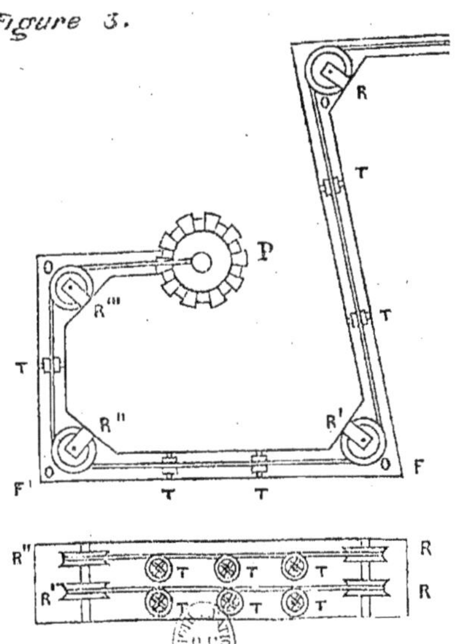

BIBLIOTHÈQUE NATIONALE R.F.

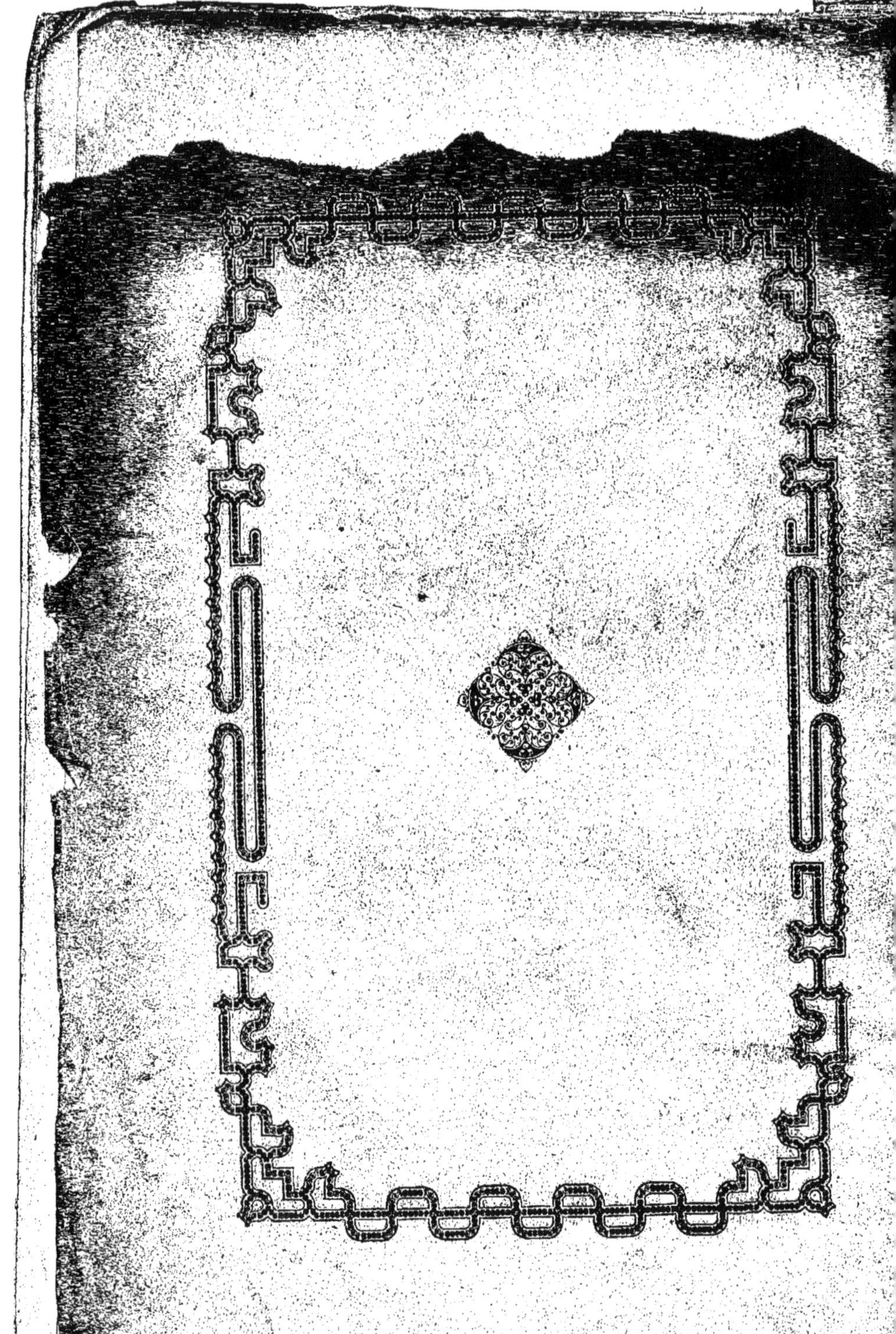

www.ingramcontent.com/pod-product-compliance
Ingram Content Group UK Ltd.
Pitfield, Milton Keynes, MK11 3LW, UK
UKHW020648120726
13658UKWH00006B/923